Civilización
y
cultura

SECOND EDITION

INTERMEDIATE
SPANISH

Civilización y cultura

SECOND EDITION

John G. Copeland
University of Colorado

Ralph Kite
University of Colorado

Lynn Sandstedt
University of Northern
Colorado

HOLT, RINEHART AND WINSTON • NEW YORK • CHICAGO • SAN FRANCISCO •
ATLANTA • DALLAS • MONTREAL • TORONTO • LONDON • SYDNEY

Illustration credits appear on page 207.

Library of Congress Cataloging in Publication Data

Copeland, John G.
  Intermediate Spanish.

  1.   Spanish language—Readers—Civilization,
Hispanic.   2.   Civilization, Hispanic—Addresses,
essays, lectures.   I.   Kite, Ralph, joint author.
II.   Sandstedt, Lynn A., 1932–   joint author.
III.   Title.   IV.   Title: Civilización y cultura.
PC4127.C5C63 1980   468.6'421   80-23191
ISBN 0-03-0576067

Printed in the United States of America
2 3 4 5   090   9 8 7 6 5 4

Índice

Preface

With the publication of the three texts comprising the First Edition of *Intermediate Spanish,* the materials available for use at the intermediate level took a step in a new direction. The authors had long believed that it would be desirable to have a "package" of materials, unified in content but varied in the possibilities for use in the classroom, which would be flexible enough that the instructor could easily adapt them to his or her own teaching style and particular interests.

With this in mind, we devised the three highly successful texts that make up our complete intermediate level program. *Conversación y repaso* reviews and expands the essential points of grammar covered in the first year and also includes dialogs, abundant exercises, and a variety of activities intended to stimulate conversation. *Civilización y cultura* presents a variety of topics related to Hispanic culture. The approach in this reader is thematic rather than purely historical, and the topics have been chosen both for the insights which they offer into Hispanic culture and for their interest to students. The exercises are designed to reinforce the development of the reading skill, to build vocabulary, and to stimulate class discussion. *Literatura y arte* introduces the student to literary works of various kinds by both Spanish and Spanish-American writers and to the rich and diverse contributions of Hispanic artists to the fine arts. The accompanying exercises also stress the development of reading skills and include vocabulary-building and conversational activities.

One of the unique features of the program is the thematic unity of the three texts. Each unit of each text has the same theme as the corresponding unit of the other two. For example, Unit 1 of the grammar text deals with the subject of European influences on Hispanic culture in its dialogs and conversational activities. The same theme is treated in the essay "Orígenes de la cultura hispánica: Europa," the first unit of the civilization and culture reader, and is further explored in Unit 1 of the literature and art reader in the selection from *El Conde Lucanor* and in the essay on the art of Francisco de Goya y Lucientes. We have found that thematic unity of this kind offers several advantages to the teacher and student: (1) the teacher may combine the basic grammar and conversation text with either or both of the readers and be assured that essentially the same cultural and linguistic information will be presented to the students; (2) the amount of material to be covered may be adjusted through the choice of one text or more, making it possible to balance the quantity of material and the amount of classroom contact available; (3) if one reader is used in the classroom, the other may be used for outside work by those students who wish additional contact with the language; (4) for individualized programs, only those units may be assigned which are relevant to the student's particular interests. If all three texts are used, the students will absorb a considerable amount of vocabulary related to the theme, and by the end of their study of the topic they will have overcome, at least in part, their reluctance to express their own ideas in Spanish. The authors have tested this "saturation" method in the classroom and have found it to be quite effective. We suggest that if all of the materials are used, the grammar and initial dialog should be studied first, followed by the culture text, then the literature text and, finally, the conversation stimulus section of the grammar and conversation text.

In response to the suggestions of users of the First Edition of this highly successful program, the Second Edition of *Intermediate Spanish* has been re-structured to provide a more logical presentation of themes in the three texts. The texts now begin with European influences on Hispanic culture and end with Hispanics in the United States. The chapters in all three books now have identical titles to reflect a stronger correspondence among them with regard to theme, vocabulary and grammar topics. In addition, exercises have been reworked and added to stress common thematic vocabulary found in all three books.

As in the First Edition, this Second Edition of *Intermediate Spanish* contains materials that will be of interest to students of different disciplines. Throughout, our goal has been to present materials that will motivate students to want to know more about the language and culture they are studying.

Introduction

Intermediate Spanish: Civilización y cultura, Second Edition is a thematic approach to Hispanic culture consisting of essays written for the third or fourth semester college course. It is designed to be used with the authors' *Intermediate Spanish: Conversación y repaso* and is linked thematically with that text. It is complete in itself, however, and may be used with other intermediate materials. The essays present twelve topics, both historical and contemporary, which serve to introduce the student to various aspects of Hispanic tradition, customs, and values. Most of the points apply equally to Spain and to Spanish America, although some treat one or the other exclusively. A strong emphasis is placed on culture contrast in order for the student to more readily relate the material to his or her own experience.

Each unit consists of a reading selection with marginal glosses and supplementary footnotes, questions on the text, culture contrast points for oral or written practice, vocabulary building exercises, and guided composition exercises. All of the exercise material is designed to require the student to re-read and analyze the essay more closely, on the assumption that structure and vocabulary are best learned at this level through repeated contact.

There is some progression in difficulty and length between the first and last units. Marginal glosses, an abundant use of cognates, and footnotes in English have been used in order to maintain a mature and interesting level of content while avoiding the discouragement often experienced by students at this level when confronted with material written for native speakers of the language.

Since a variety of academic disciplines are touched upon, it should be possible to devise outside reading assignments, when desired, relating to the special academic interests of the individual student.

It is clear that any such treatment of Hispanic culture must leave many things unsaid and may at times lead to broad generalizations. It is hoped that these features will serve to stimulate class discussion and to encourage individual investigation on the part of the students using the materials. The variety of topics presented should allow the instructor to add personal material in those areas where he or she possesses special knowledge or experience.

ABOUT THE SECOND EDITION
OF CIVILIZACIÓN Y CULTURA

A pre-reading thematic vocabulary list has been added to each unit and composition exercises have been modified to allow for freer expression in later units. Topical material has been updated to reflect current events, and some historical material has been replaced by a discussion of contemporary aspects of Hispanic culture. The unit on the Mayans in the First Edition has been expanded to include a more detailed treatment of Aztec and Incan cultures.

Civilización y cultura

SECOND EDITION

Orígenes de la cultura hispánica: Europa

1

VOCABULARIO ÚTIL

Estudiar estas palabras antes de leer el ensayo.

adoptar   to adopt
contribuir (contribuye)   to contribute
costumbre *(f)*[1]   custom
desarrollar   to develop
destacarse   to stand out, be distinguished
entre   between, among
frontera   border
gobierno   government
habitante *(m)*   inhabitant
influir (influye)   to influence

lucha   struggle, battle
occidental   western
posterior   later
pueblo   people, village
tribu *(f)*   tribe
llegar a ser   to come to be
península ibérica   Iberian Peninsula (the entire land mass between the Pyrenees mountains and the Strait of Gibraltar containing the modern countries of Spain and Portugal)

La cultura hispánica es el producto de muchos siglos de contacto con diferentes culturas. La península ibérica, entre el mar Mediterráneo y el océano Atlántico, ha recibido varias influencias de otros pueblos y muchas de ellas se han transmitido al Nuevo Mundo.

mar   *(m or f) sea*

I. La cultura romana

Los primeros habitantes de la península, en tiempos históricos, son las tribus celtíberas, de origen no muy bien conocido. En el III siglo A.C.[1] llegan los romanos y convierten la península en una colonia romana. Establecen la lengua latina, su sistema de gobierno y su organización social y económica. Más tarde introducen la religión cristiana. Se ha dicho que la península llega a ser la colonia más romanizada de todas.

celtíberas   *Celt-Iberian*

convierten   *convert*

se ha dicho   *it has been said*

La lengua que adoptan es la que se llama «el latín vulgar», o sea la lengua del pueblo y no la

o sea   *that is*

---

* In the "Vocabulario Útil" and in the marginal glosses the gender of nouns will be indicated with the following exceptions: masculine nouns ending in -o, feminine nouns ending in -a, -d, -ión.
[1] A.C. (antes de Cristo) before Christ, that is, B.C.

lengua clásica. El español que hablan hoy más de 230 millones de personas desciende de esa lengua. Las lenguas «neo-latinas»[2] como el portugués, el francés, el italiano, el rumano y el es-
5 pañol se parecen tanto porque todas tienen como base la lengua latina.

Los conceptos de gobierno también tienen sus raíces en la época romana. La idea de formular leyes ideales que se puedan aplicar a todos los
10 casos y la tendencia a refinarlas en los casos especiales sigue como base de la ley hispánica. El sistema anglo-sajón de escribir leyes más generales, dejando al juez la interpretación, presenta una distinción tradicional entre las dos culturas.

15 Los romanos consideran a los pueblos conquistados como ciudadanos del imperio y este concepto determina el sistema usado por los españoles en el Nuevo Mundo. La empresa colonial es una actividad dirigida por el rey, y las tierras
20 descubiertas son de él. La idea inglesa de permitir a los intereses privados los derechos de propiedad resulta en un lazo básicamente económico entre los colonos y las empresas privadas en la madre patria. Los productos de las colonias españolas
25 se consideran iguales a los productos de la península. El comercio moderno no entra en este sistema hasta el siglo XVIII.

La cultura romana también influye en las costumbres y los hábitos diarios del pueblo español.
30 La conocida costumbre de la siesta toma su nombre de la palabra latina sexta, o sea la sexta hora del día. Esto refleja el dicho romano: «Las seis primeras horas del día son para trabajar; las otras son para vivir.» Claro que esto se debe a
35 las necesidades físicas de la gente en un clima cálido. En estas regiones es preferible trabajar durante las horas más frescas y no por la tarde cuando el calor lo hace más difícil. Hasta hoy, en muchas partes del mundo hispánico es costumbre

desciende   *comes from*

se parecen   *are similar*

raíces   *(f) roots*
formular   *to formulate*

juez   *(m) judge*

ciudadanos   *citizens*

empresa   *enterprise*
dirigida   *directed*

propiedad   *property*
lazo   *tie*
colonos   *colonists*
madre patria   *mother country*

diarios   *daily*

sexta   *sixth*
dicho   *saying*

se debe a   *is due to*

cálido   *warm*

---

[2] las lenguas neo-latinas   *the Romance languages. French, Provençal (southern France), Italian, Spanish, Portuguese, Rumanian, Galician (northwest Spain), Catalán (northeast Spain), Sardinian, and Romansh (eastern Switzerland) are some of the known Romance languages and dialects.*

dormir la siesta después del almuerzo. En algunas ciudades más tradicionales todas las tiendas y oficinas se cierran hasta las cuatro de la tarde. Vuelven a abrirse desde las cuatro hasta las siete
5 u ocho de la tarde.[3]

Otra tradición famosísima en el mundo hispánico es la corrida de toros,[4] que combina elementos de deporte, arte y diversión en un espectáculo   diversión *entertainment* lleno de emoción. Los romanos la popularizan
10 en el circo, donde se ofrecían toda clase de juegos   circo *circus* para la diversión popular. Hasta Julio César[5]   se ofrecían *were provided*   hasta *even* aprendió a torear en la península y autorizó las   aprendió a torear *learned* primeras corridas.   to fight bulls   autorizó *authorized*

El concepto de la ciudad como centro de la
15 cultura y del gobierno también es una de las contribuciones importantes de los romanos. Esta tendencia hacia la urbanización ha sido muy notable en Hispanoamérica desde la época colonial. Los centros de México, Lima y Buenos Aires sirvieron   sirvieron *served*
20 como sedes del gobierno español y todavía se   sedes *(f) seats* distinguen del resto del país por su influencia y poder. Después de la independencia, la política de estos países es dominada por la lucha entre la ciudad y las provincias.[6]
25 Los romanos, pues, influyen mucho en la formación básica de la sociedad española.

II. La cultura visigoda

En el siglo V de la época cristiana las tribus germánicas del norte de Europa invaden todo el
30 imperio romano que se halla sin el apoyo del   se halla *finds itself*   apoyo *support*

---

[3] siete u ocho de la tarde *seven or eight P.M. Tarde (afternoon) is usually used until about eight P.M., when it becomes noche (night). A date to meet por la tarde usually means between five and eight P.M.*

[4] la corrida de toros *bullfight. Corrida comes from the fact that the bulls were "run" to the ring before the fight or lidia.*

[5] Julio César *Julius Caesar. Roman leader of the first century B.C., immortalized in the famous play of the same name by Shakespeare.*

[6] las provincias *provinces. In most of the Hispanic world the subdivisions of countries are called provinces; many also use departamentos, distritos, or estados (states). Mexico, for example, is officially named Los Estados Unidos Mexicanos.*

pueblo para resistir. Estas tribus son primitivas y abiertas a la cultura romana. Se convierten al catolicismo, adoptan la lengua latina y se establecen en los mismos centros que han usado los
5 romanos. En vez de contribuir con elementos nuevos a la cultura española, más bien refuerzan y desarrollan los elementos existentes. Su mayor contribución original es el feudalismo, sistema económico que imponen en toda Europa. Este
10 sistema—producto de una sociedad guerrera— da el control de la tierra a un señor. Éste recibe parte de los productos de la gente que habita su tierra y la protege de otros señores. El monarca de todos los señores reina sólo con el permiso de
15 éstos. Es éste el sistema que determina la organización feudal de las colonias del Nuevo Mundo.

    La posición geográfica de España facilitó la siguiente invasión. Esta vez son los moros[7] de África quienes entran por el estrecho de Gibraltar
20 para conquistar la península.

más bien rather

imponen impose
guerrera warrior
señor (m) lord

protege protects
reina rules

facilitó made easy

estrecho strait

III. La cultura árabe

Los moros[7] están en España desde 711 hasta 1492, y son tal vez la influencia más importante para la formación de la cultura española después
25 de los romanos. España es la única nación europea que recibe el dominio de la brillante cultura del norte de África. En el resto de Europa la misma época se caracteriza por una falta de progreso y de desarrollo cultural.
30   La historia popular de España considera que la Reconquista[8] de la península comienza en el año 711 y termina en 1492 cuando el último de

---

[7] los moros *Moors. This is the general term applied to the Arabs* (árabes) *who invaded Spain in the eighth century. Most were of the Islamic faith, followers of Mohammed* (Mahoma), *called Moslems* (musulmanes). *The Spanish Christians who submitted to Islamic rule were allowed to practice their own religion and were called* mozárabes. *Those who converted were* muladíes.

[8] la Reconquista *Reconquest. The period of Spanish history from 711 to 1492 (especially between 711 and 1254), when the Spanish Christians, who had taken refuge in the northern mountains, carried on a constant war in an effort to expel the Moors. The wars were mostly between individuals, but the religious factor gave some unity to the two sides.*

los reyes africanos es expulsado de Granada. Esta
convivencia de ocho siglos da como resultado
una cultura muy heterogénea.

5 El centro del reino moro en España se establece
en la ciudad de Córdoba. Esta ciudad llega a ser
un gran centro cultural, con una biblioteca de
unos 400.000 libros. En su universidad se enseña
medicina, astronomía, botánica, gramática, geografía y filosofía. A causa de la influencia árabe
10 se usan hoy los números arábigos en lugar de los
romanos. En parte, los conocimientos vienen de
la cultura griega antigua, que los moros divul-
garon con sus artes de traducción. Los califas[9]
tenían una actitud generosa hacia el arte y la
15 sabiduría en general porque los árabes pensaban
que la creación de la belleza exterior era una
forma de adorar a Dios.

Muchas palabras árabes forman la base de los
términos usados hoy en todas las lenguas occi-
20 dentales. Palabras como alcachofa, alfalfa, algodón y azúcar son de procedencia árabe, como
lo son los productos a que se refieren. También
las palabras relacionadas con las ciencias: alcohol,
alcanfor, alquimia, cero, cifra y jarope. Varias
25 otras como azul, escarlata, alcoba y ajedrez re-
presentan aspectos de la vida diaria. Otras palabras de origen árabe son: almohada, adobe, alfombra, alcalde, aduana, barrio, y los nombres
de muchas plantas y flores, como azucenas y za-
30 nahorias. La mayoría de estas palabras comienza
con a o con al porque éste es el artículo en árabe.
Es notable la falta de verbos asimilados, menos
algunos que se forman de sustantivos, como
alfombrar.
35 En arquitectura, figuran varios ejemplos que
todavía nos impresionan: la Alhambra, el Alcázar
de Sevilla y la Mezquita de Córdoba con sus 1418
columnas. Su estilo es muy elaborado en las fa-
chadas y los patios interiores y de ahí viene la
40 palabra «arabesco». La religión musulmana pro-

expulsado	*expelled*
convivencia	*living together*
reino	*kingdom*
divulgaron	*made known*
sabiduría	*knowledge*
adorar	*to worship*
alcachofa	*artichoke*
algodón	*(m) cotton*
azúcar	*(m) sugar*
alcanfor	*(m) camphor*
cifra	*cipher*
jarope	*(m) syrup*
alcoba	*bedroom*
ajedrez	*(m) chess*
almohada	*pillow*
alfombra	*carpet*
alcalde	*(m) mayor*
aduana	*customshouse*
azucenas	*lilies*
zanahorias	*carrots*
alfombrar	*to carpet*
fachadas	*facades*
musulmana	*Moslem*

---

[9] los califas *caliphs. Rulers who were successors of Mohammed and combined secular and religious authority over a given region called a caliphate* (califato).

hibe el uso de imágenes de seres vivos en el decorado y por eso hay pocos ejemplos de ello. Otra característica particular de sus construcciones es el uso de azulejos; sus métodos para hacer brillar la loza nunca han sido igualados.

De la música, tanto instrumental como vocal, poco se sabe. El laúd, instrumento de cuerdas que luego se incorporó a la música europea, era de origen árabe.

Algunos creen que la poesía amorosa de Europa tiene su origen en la tradición árabe. Tiende a ser poesía sensual y a veces erótica, que celebra los placeres de la vida.

seres *(m) beings*

azulejos *ceramic tiles*
brillar *to shine*
loza *porcelain*
igualados *equaled*
laúd *(m) lute*

amorosa *of love*

placeres *pleasures*

La cultura mora contribuye a engrandecer la cultura española en comparación con el resto de Europa entre los siglos VIII y XIII. A mediados del siglo XIII la mayor parte de la península es re-
5 conquistada y la influencia mora comienza a disminuir. La provincia de Granada pasa a manos de los españoles en 1492, año en que comienza un próximo gran choque de culturas en América.

Los españoles, con su experiencia de asimila-
10 ción de las culturas romana, germánica y africana, son los más indicados para la nueva empresa y aceptan el desafío con su acostumbrada energía y vigor. La conquista del Nuevo Mundo trae cuatro siglos más de actividad intercultural y aporta
15 el último elemento importante a la cultura hispánica.

engrandecer *to exalt*

a mediados *in about the middle*

disminuir *to diminish*
pasa a manos *falls into the hands*

choque *(m) collision*

indicados *appropriate*
desafío *challenge*
acostumbrada *customary*

aporta *contributes*

EJERCICIOS

I. Preguntas

1. ¿Dónde se encuentra España? 2. ¿Quiénes son los primeros conquistadores de la península? 3. ¿Cuál es la colonia más romanizada del imperio romano? 4. ¿Qué es el latín vulgar? 5. ¿Cuántas personas hablan español hoy? 6. ¿Cuáles son las lenguas neo-latinas? 7. ¿De dónde viene la palabra *siesta?* 8. ¿Duerme usted la siesta? 9. ¿Ha visto usted una corrida de toros? 10. ¿Cuáles son las grandes ciudades de Hispanoamérica? 11. ¿Le gusta a usted vivir en una ciudad? 12. ¿Quiénes llevan el feudalismo a España? 13. ¿De dónde vienen los moros? 14. ¿Dónde se establece el centro del reino moro en España? 15. ¿Cuántos siglos viven los moros en España? 16. ¿Cuál fue la influencia cultural que dejaron? 17. Después de la Reconquista, ¿qué actividad comienzan los españoles? 18. ¿Le gusta a usted el decorado de azulejos? 19. ¿Escribe usted poesía amorosa? 20. ¿Le gusta a usted la música medieval?

II. Puntos de contraste cultural

1. ¿Cuál es la diferencia entre el propósito colonizador inglés y el español en el Nuevo Mundo?
2. ¿Por qué no existe la costumbre de la siesta en los Estados Unidos?
3. ¿Cuál es la composición racial de los españoles al llegar a América? ¿Y de los ingleses? ¿Qué importancia tiene esto para el indio americano?

III. Ejercicios de vocabulario

A. Buscar 25 palabras en el texto que sean similares en forma y significado a sus equivalentes en inglés.

B. Encontrar una palabra en la segunda columna del mismo significado de la primera.

I.		**II.**
1.	cargar	a.	únicamente
2.	sólo	b.	origen
3.	procedencia	c.	contribuir
4.	aportar	d.	romano
5.	latino	e.	llevar
6.	utilizar	f.	usar

C. Juntar las palabras relacionadas.

MODELO: saber *sabiduría*

I.		**II.**
1.	calor	a.	lingüístico
2.	emperador	b.	cálido
3.	pueblo	c.	reino
4.	antes	d.	imperio
5.	rey	e.	poblador
6.	lengua	f.	anterior

D. Completar las siguientes formas.

1.	convertir	**conversión**	3.	filólogo	**filología**
	divertir	_____		filósofo	_____
	_____	**inversión**		_____	**sicología**
2.	comenzar	**comienzo**	4.	trabajar	**trabajador**
	_____	**encuentro**		observar	
	gobernar	_____		_____	**poblador**

E.   Señalar los verbos contenidos en los siguientes derivados.

MODELO: desorganizar *organizar*

1. convivir
2. mantener
3. desocupar
4. reconstruir
5. desaparecer
6. desacostumbrar

IV. Ejercicios de composición dirigida

A.   Completar las frases según el texto, utilizando las palabras entre paréntesis y otras necesarias.

1. La cultura hispánica . . .
   (producto, siglos, contactos, muchos, con, culturas, varias, es)
2. Se ha dicho que la península . . .
   (todas, romanizada, ser, colonia, llega a, más)
3. Otra tradición . . .
   (hispánico, toros, famosísima, mundo, corrida, es)
4. El feudalismo es el sistema que . . .
   (Nuevo Mundo, colonias, determina, económica, organización)
5. La conquista de América . . .
   (cuatro, más, siglos, actividad, ofrece, intercultural)

B.   Completar las frases, refiriéndose al texto.

1. El pueblo español adopta el latín vulgar o sea . . .
2. La conocida costumbre de la siesta . . .
3. Los visigodos, en vez de contribuir con elementos nuevos . . .
4. Muchas palabras de origen árabe comienzan con *a* o *al* porque . . .
5. Los más indicados para colonizar el Nuevo Mundo eran los españoles por . . .

Orígenes de la cultura hispánica: América

2

VOCABULARIO ÚTIL

Estudiar estas palabras antes de leer el ensayo.

arqueólogo   archaeologist
astronomía   astronomy
conocimiento   knowledge
construir (construye)   to build
desarrollo   development
descubrimiento   discovery
dios *(m)*   god
dominar   to dominate
emperador *(m)*   emperor
fundar   to found
gobernar   to govern, rule

hecho   fact
imperio   empire
incluir (incluye)   to include
maíz *(m)*   corn, maize
nivel *(m)*   level
piedra   stone, rock
reciente   recent
requerir   to require
siglo   century
utilizar   to utilize, use

Al llegar los conquistadores españoles al Nuevo Mundo en el siglo XVI se encontraron con las grandes civilizaciones en México y en el Perú. Tal vez nosotros, en el siglo XX, podemos entender el asombro que causaron estos descubrimientos si pensamos en nuestra reacción al encontrar nuevas civilizaciones en otros planetas.

Tanto los aztecas de México como los incas del Perú formaban imperios recientes que se habían establecido por medio de la conquista violenta de las tribus anteriores. La civilización maya, que casi había desaparecido, tenía varios siglos de existencia y desarrollo. Las tres culturas presentan diversos aspectos interesantes y aportan nuevos elementos a la cultura hispánica.

I. Los aztecas

En el lugar llamado Anáhuac, donde está hoy la capital de México, los aztecas habían dominado otras tribus durante unos dos siglos.

Al llegar *On arriving*

asombro *awe*

Tanto . . . como *Both . . . and*

por medio de *by means of*

casi *almost*
desarrollo *development*

tribus *(f) tribes*

En 1325 fundaron Tenochtitlán, una ciudad que redujo al silencio a Cortés[1] cuando la vio por primera vez. Bernal Díaz,[2] uno de los 400 soldados de Cortés, la describió así: «Y . . . vimos cosas tan admirables [que] no sabíamos qué decir . . . si era verdad lo que por delante parecía, que por una parte en tierra había grandes ciudades, y en la laguna otras muchas, y veíamos todo lleno de canoas, . . . y por delante estaba la gran ciudad de México.» Los aztecas habían fundado la ciudad en un lago con puentes que la conectaban con la tierra.

Al llegar al valle de México los aztecas absorbieron la cultura tolteca[3] cuya religíon incluía el mito de Quetzalcoatl, un hombre-dios de la civilización, benévolo, que enseñaba las artes y los oficios necesarios para el hombre en la tierra. Al mismo tiempo, el dios-patrón de la tribu, Huitzilopochtli, era el dios de la guerra, quien exigía continuas ofrendas de sangre humana. Es difícil explicar cómo los aztecas llegaron a adorar dos dioses tan antagónicos. Creían que Quetzalcoatl había creado el hombre regando su propia sangre sobre la tierra. En consecuencia, pensaban que era necesario recompensar a los dioses con sangre.

Los conceptos religiosos sutiles se combinaron con un sistema político avanzado. El emperador era a la vez un sacerdote y su poder fluía de esta combinación de autoridad religiosa y política-militar. El imperio se basaba en la completa subyugación de casi todas las tribus del centro de México. Este hecho hizo relativamente fácil la conquista por los españoles en 1521, ya que formaron alianzas con las tribus subyugadas para derrotar a los aztecas.

redujo	reduced
por delante	ahead
parecía	appeared
por una parte	on one side
laguna	lagoon
lleno	full
lago	lake; puentes bridges
absorbieron	absorbed
cuya	whose
benévolo	benevolent
quien	who
exigía	demanded
ofrenda	offering
adorar	to worship
antagónicos	contrary
regando	sprinkling
recompensar	repay
sutiles	subtle
avanzado	advanced
sacerdote	priest
fluía	flowed
subyugación	subjection
alianzas	alliances
derrotar	defeat

---

[1] Cortés   Hernán Cortés (1485–1547) led the first expedition into Mexico and conquered the Aztecs in the central valley in 1521.

[2] Bernal Díaz (del Castillo)   (1492–1584) Author of *Historia verdadera de la conquista de la Nueva España* (Mexico), which he wrote to present the common soldier's view of the conquest of Mexico.

[3] tolteca   The Toltecs (or "master craftsmen") about whom relatively little is known, occupied much of the central area of Mexico prior to the Aztecs. They were the builders of the pyramid city, Teotihuacán, near modern day Mexico City. The Aztecs, lacking a historical tradition of their own, began to consider themselves descendants of the Toltecs and adopted their history.

El sistema de escritura de los aztecas era primitivo y sus ideas artísticas eran esencialmente las de las tribus anteriores de la región. Su mejor arte era la escultura y también aprendieron a trabajar metales como el oro.

5

Durante los dos siglos de la civilización azteca, su sociedad cambió de una forma democrática a una forma aristocrática. El emperador Moctezuma II que reinaba cuando llegó Cortés, vivía

10 en un palacio comparable en su lujo a los palacios europeos. Pero el lujo y aparente prosperidad cubría un estado sicológico deprimido. Varios acontecimientos habían hecho creer a Moctezuma que se acercaba el fin del imperio. Cuando

15 llegó Cortés con sus soldados, la superstición de los jefes los condujo a una resistencia débil. Pen-

escultura *sculpture*

reinaba *ruled*
lujo *luxury*

cubría *covered*
deprimido *depressed*
acontecimientos
 happenings
se acercaba *was*
 approaching

saron que los españoles montados a caballo eran monstruos y además, los indios no tenían armas de fuego como las que poseían los españoles. Dentro de poco tiempo, éstos habían recon-
5 struído una nueva ciudad sobre los escombros de uno de los imperios más impresionantes del mundo.

montados *riding*
armas de fuego *firearms*
poseían *possessed*
reconstruído *rebuilt*
escombros *ruins*

II. Los incas

Aunque los arqueólogos creen que los primeros
10 pueblos indígenas del Perú datan de 10.000 años antes de Cristo, cuando desembarcó Pizarro[4] en 1532 los incas apenas tenían un siglo de dominio imperial en las montañas. Igual a los aztecas, eran un pueblo militar que había establecido su do-
15 minio sobre las otras tribus durante el siglo XV. Como los aztecas, también se consideraban el pueblo elegido del sol. El emperador (llamado «el Inca») recibía su poder absoluto por el hecho de ser descendiente directo del sol. Creían que
20 el primer emperador, Manco Cápac (que vivió en el siglo XIII), era hijo del sol.

desembarcó *landed*

Igual a *Just like*

elegido *chosen*

Aunque había una clase de nobles mantenidos por el pueblo, el resto de la sociedad de los incas tenía aspecto socialista. La comunidad básica era
25 el «ayllu.»[5] Cada comunidad tenía derecho a una cantidad de tierra suficiente para producir sus alimentos y la trabajaban en común. Otro pedazo de tierra se designaba para el estado (los nobles) y otro pedazo para los dioses (la iglesia y el clero).
30 La gente del *ayllu* cultivaba esta tierra también y los productos constituían un tipo de impuestos sobre la comunidad. Los productos de la tierra del estado iban para mantener a los nobles, al ejército, a los artistas y también a los ancianos y

alimentos *foodstuffs*
pedazo *piece*
se designaba *was reserved for*
el clero *the clergy*

impuestos *taxes*

ejército *army*
ancianos *elderly*

---

[4] Pizarro   Francisco Pizarro (1476–1541) along with his brothers, Gonzalo, Juan and Hernando and Diego de Almagro assured the conquest of the Inca empire when they seized and killed the last emperor, Atahualpa in 1533.

[5] *ayllu*   The *ayllu* was, in pre-Incan times, essentially a clan with kinship as its basis. It is believed that it evolved under the Incas to a more politically organized community. Mountain communities in modern Peru are still called *ayllus*.

enfermos que no podían producir su propio alimento. Si ocurría algún desastre en un *ayllu*, como una inundación, el gobierno les proveía comida de sus almacenes. Los hombres tenían
5 la obligación de contribuir una porción de tiempo cada año a las obras públicas como caminos, acueductos, etc.

    Los incas sabían construir caminos y puentes que se comparaban con los de Europa. El uso
10 de la piedra para la construcción, y su sistema de riego eran maravillosos.

    En los tejidos los incas ya conocían casi todas las técnicas que conocemos hoy y hacían telas superiores a las que producimos hoy. Dos factores
15 estimularon el desarrollo del arte de tejer: el clima de las montañas y la lana de la llama. El tejer era una actividad exclusivamente femenina y se pasaron los conocimientos de madre a hija, refinándolas cada vez más. Las tejedoras eran muy
20 protegidas por el estado y las mejores fueron llevadas a conventos especiales donde pasaban la vida tejiendo. Usaban los tejidos para enterrar a las personas de importancia—semejante a los egipcios.
25   En otras técnicas como la cerámica y el uso de metales también sobresalieron los incas. Parece que tenían conocimientos avanzados de medicina, especialmente en la cirugía, ya que operaban el cráneo cuando era necesario.
30   No tenían un sistema de escritura y su arte no impresiona por su inspiración estética sino por su técnica. Tampoco se destacaron en la astronomía ni en las matemáticas.

III. Los mayas

35 De las grandes culturas indígenas, la que más ha intrigado al hombre moderno es la cultura maya. Ésta ocupaba el sureste de México, Guatemala y Honduras. Fue la civilización más brillante de todas las del continente.

---

inundación *flood*
proveía *provided*
almacenes *warehouses*

riego *irrigation*
tejidos *textiles*

arte de tejer *art of weaving*

cada vez más *more and more*
tejedoras *weavers*
protegidas *protected*

egipcios *Egyptians*

cirugía *surgery*
cráneo *skull*

intrigado *intrigued*
sureste *(m) southeast*

Tuvieron una cultura casi tan avanzada como las contemporáneas de la región mediterránea. Cuando llegaron los españoles, la civilización maya ya había decaído por razones desconocidas y un poco misteriosas. Sólo se sabe que en el siglo XV los mayas comenzaron a abandonar sus grandes centros religiosos como Chichén Itzá, cerca de Mérida, en Yucatán, México.

contemporáneas *contemporary*

había decaído *had decayed*

Los arqueólogos dividen las fechas de la cultura maya en tres períodos: de 1200 A.C. hasta 300 D.C.[6] como la época pre-clásica o formativa; del año 300 al 1000, la época clasíca, en que la cultura alcanza su nivel más alto; y del año 1000 hasta el siglo XVI como la época pos-clásica.[7]

Durante la primera época, los mayas establecieron las bases de su cultura e hicieron muchos descubrimientos importantes. Se cree que el calendario fue inventado en el siglo IV D.C. Su sistema de medir el tiempo es el aspecto más impresionante de sus logros culturales. No se sabe con seguridad por qué les interesaba tanto esto. La teoría es que con sus conocimientos astronómicos podían pronosticar los fenómenos celestes y que estos pronósticos servían a los jefes religiosos como base de su poder. En muchas culturas la clase dirigente controla algún factor económico. En la región maya la economía se basaba en el cultivo del maíz. Según el *Popol Vuh*[8] el maíz había servido de material para la creación del hombre.

medir *to measure*

logros *achievements*

pronosticar *to predict*

dirigente *ruling*

El calendario maya del período clásico era más exacto que los de Europa porque correspondía mejor al año solar. Los mayas no tenían instrumentos astronómicos. Sólo utilizaban observatorios. Éstos tienen una forma casi igual a la de los modernos, aunque hechos de piedra, con aberturas permanentes que marcan varios puntos en el curso del sol, de la luna y del planeta Venus.

aberturas *openings*

curso *orbit*

[6] D.C. (después de Cristo)   A.D.

[7] pos-clásica   *The three periods correspond to developmental stages, with the classical period representing a relatively stable society at the height of its advancement.*

[8] Popol Vuh   *The sacred writings of the Maya, written down and translated into Spanish by missionaries in the sixteenth century.*

Los mayas tenían dos años diferentes, uno ceremonial de 260 días y otro civil de 365 días. Los cumpleaños y los días de fiesta se celebraban de acuerdo con el año religioso o *tzolkin.* El año civil se dividía en 18 meses de veinte días cada uno y un mes de cinco días. La combinación de estos dos años daba un ciclo de 18.980 días, o 52 años. Aunque para los mayas este ciclo no era importante, más tarde llegó a ocupar un lugar central en la cultura azteca.

de acuerdo con *according to*

El sistema maya de escribir los números es interesante por dos razones: incluye el concepto del cero y utiliza las posiciones. Era un sistema vigesimal, que usaba puntos y varas para contar hasta veinte.

posiciones *decimal places*
vigesimal *base 20*
varas *rods*

En comparación con el sistema romano usado en Europa en esa época, la utilidad del sistema maya para sumar es superior.

En la escritura, los mayas habían llegado a tener un sistema ideográfico en que los símbolos representaban ideas en vez de ser dibujos de objetos.[9] Parece que la escritura era cosa reservada a los sacerdotes y a los sabios. Nuestra información sobre los jeroglíficos mayas viene solamente de las estelas encontradas en las ruinas y de tres códices[10] Las otras obras mayas conservadas, como los *Libros de Chilam Balam* y el *Popol Vuh,* fueron escritas por los indios con el alfabeto español después de la conquista.

en vez de *instead of*
dibujos *drawings*

sacerdotes *(m) priests*
sabios *wise men*

La religión maya era muy compleja y formalizada. Tenía todo un panteón de dioses asociados principalmente con los días y los años y divididos entre buenos (los que favorecían al maíz) y malos (los que lo perjudicaban). El principal objeto de la religión era obtener salud y sustento.

panteón *pantheon*

perjudicaban *harmed*
salud *health*
sustento *sustenance*

---

[9] dibujos de objetos *Writing systems generally show three stages: (1) pictorial, where the writing consists of drawings of actions; (2) ideographic, where the symbols are conventionalized and stand for ideas, and (3) phonetic, where characters stand for sounds. Maya writing was ideographic, and some scholars think it was partially phonetic.*

[10] tres códices *A codex is a manuscript, especially of official or classical texts. Estelas (steles) are upright stone slabs bearing inscriptions, placed at the entrances of buildings, on graves, etc. The Libros de Chilam Balam are fragmentary writings in the Spanish alphabet recorded by Mayan priests after the conquest.*

Con este fin ofrendaban varias cosas a sus dioses, y hasta llegaron a sacrificar seres humanos.

Lugares como Chichén Itzá y Tikal[11] servían sólo de centros religiosos y no de ciudades. Los mayas vivían en pequeños grupos, probablemente familiares, y nunca llegaron a urbanizarse. La arquitectura maya muestra también una preocupación estética que impresiona al observador moderno. Mientras que en las otras culturas precolombinas el tamaño de las pirámides era lo que indicaba su importancia, los mayas ponían más énfasis en la ornamentación.

Los conocimientos prácticos de los mayas eran bastante primitivos. La rueda existía, pero nunca la usaron para mover cosas sino solamente como objeto ceremonial. Los antropólogos creen que esto es porque su único animal doméstico era el perro, que no podía servir de animal de carga.

Igualmente primitivos eran sus métodos agrícolas. Utilizaban el sistema de la «milpa», que significa el uso de un pedazo de tierra de dos a cuatro años, mientras da una cosecha buena. Después se deja esa tierra sin cultivar por diez años. Esta técnica requiere, en la región de Yucatán, unas cinco hectáreas[12] por año para mantener una familia de cinco personas, o unas 30 hectáreas para mantenerla permanentemente.

Esta dependencia en el maíz es interesante porque requiere sólo unos 76 días de trabajo al año. Esto deja bastante tiempo para actividades religiosas, festivas y recreativas y para la construcción de los centros ceremoniales. Esto también puede explicar el desarrollo de un gusto estético e intelectual bastante refinado en medio de una tecnología y una organización social primitivas.

Al examinar el nivel de las culturas indígenas del Nuevo Mundo es fácil imaginar el asombro que causaron a los españoles. También si se compara esta situación con la de los ingleses—un

---

ofrendaban *they made offerings of*

familiares *familiar*

rueda *wheel*

animal de carga *beast of burden*

cosecha *crop*

mantener *to sustain*

---

[11] Tikal *A Mayan ruin in northern Guatemala. Probably the largest and oldest (approximately 400–300 B.C.) of the known ceremonial centers.*

[12] cinco hectáreas *twelve acres. One hectare equals 2.47 acres.*

pueblo homogéneo que se encuentra frente a
tribus de indios nómadas y primitivos—se co-   nómadas *nomadic*
mienzan a comprender las diferencias que apa-
recen en las sociedades modernas.

EJERCICIOS

I. Preguntas

1. ¿Cuáles fueron las grandes civilizaciones que encontraron los
españoles en América?   2. ¿Qué pueblo habitaba la región de la
ciudad de México?   3. ¿Cuál era la gran ciudad de los aztecas?
4. ¿Cuáles fueron los dioses principales de los aztecas?
5. ¿Por qué no resistió mucho Moctezuma II a los españoles?
6. ¿Qué hicieron los españoles en Tenochtitlán después de la conquista?   7. ¿Dónde vivían los incas?   8. ¿En qué técnicas sobresalieron los incas?   9. ¿Quién era Manco Cápac?   10. ¿Dónde
se encontraban los mayas?   11. ¿Cuándo inventaron el calendario?   12. ¿Le interesa a usted la cultura maya?   13. ¿Cuál era el
alimento básico de los mayas?   14. ¿Qué edificio usaban para sus
estudios astronómicos?   15. ¿Cree usted que los mayas tenían
visitantes de otros planetas?   16. ¿Por qué es interesante el sistema
maya de escribir los números?   17. ¿Quiénes sabían
escribir?   18. ¿Qué era Chichén Itzá?   19. ¿Cuál era el aspecto
más importante en las pirámides mayas?   20. ¿Cuál era el único
animal doméstico?   21. ¿Cuántas hectáreas requería una familia
en Yucatán?   22. ¿Cuántos días al año requiere el cultivo del
maíz?   23. ¿Cuántos días al año trabajamos hoy día?

II. Puntos de contraste cultural

1. ¿Cuáles son las diferencias entre la experiencia de los españoles y
la de los ingleses en el Nuevo Mundo? ¿Qué efectos tuvieron estas
diferencias en las sociedades modernas?
2. ¿Puede usted imaginar nuestras reacciones personales al saber que
hay otras civilizaciones en otros planetas?

III. Ejercicios de vocabulario

A. Completar las siguientes formas.

1. llegar   **llegada**   llamar   _____
2. abrir   **abertura**   escribir   _____
3. dibujar   **dibujo**   cultivar   _____
4. organizar   **organización**   colonizar   _____
5. existir   **existencia**   influir   _____

B. Encontrar los sinónimos.

1. pronósticos   a. controlar
2. dominar   b. decorado
3. comprensión   c. predicciones
4. adorno   d. usar
5. utilizar   e. entendimiento

C. Completar según los modelos.

MODELO: cultura *cultural*

1. ceremonia   _____   5. trópico   _____
2. centro   _____   6. intelecto   _____
3. vigésimo   _____   7. punto   _____
4. continente   _____   8. concepto   _____

MODELO: brillo **brillante** *brillar*

1. impresión   _____   _____
2. _____   interesante   _____
3. _____   _____   obsesionar

MODELO: abundancia **abundante** *abundar*

1. procedencia   _____   _____
2. _____   existente   _____
3. _____   _____   coincidir

IV. Ejercicios de composición dirigida

A. Completar las frases utilizando las palabras entre paréntesis.

1. Al llegar al valle de México . . .
    (absorbieron, tolteca, los aztecas, cultura)

2. Cuando desembarcó Pizarro en 1532 . . .
   (dominio, montañas, los incas, siglo, tenían, apenas, imperial)
3. El sistema maya de medir el tiempo . . .
   (aspecto, es, más, impresionante, culturales, logros)
4. Según el *Popol Vuh* . . .
   (material, hombre, creación, sirvió, para, maíz)
5. La arquitectura maya muestra . . .
   (moderno, estética, impresiona, observador, preocupación)

B. Completar las siguientes frases.

1. El imperio azteca se basaba en . . .
2. Igual a los aztecas, los incas . . .
3. Para los mayas el maíz requería 76 días de trabajo, dejando tiempo para . . .
4. La religión maya era importante y Chichén Itzá era sólo . . .
5. Se puede entender la diferencia entre la actividad inglesa y la española en América si . . .

La religión en el mundo hispánico

3

VOCABULARIO ÚTIL

Estudiar estas palabras antes de leer el ensayo.

además   besides, in addition

ataque *(m)* attack

ayudar   to help

corriente *(f)* current

dueño, -a   owner

edificio   building

enemigo, -a   enemy

existir   to exist, be

expulsar   to expel

mayor   larger, greater, older (with people)

mostrar (ue)   to show

ocurrir   to happen

peor   worse; **el peor**   the worst

respuesta   answer, reply

sustituir (sustituye)   to substitute

al contrario   on the contrary, rather

más adelante   later, further on

por lo general   generally

por último   finally

se puede (ver)   one is able; it is possible (to *see*)

Después de las guerras púnicas[1] en el tercer siglo A.C., la península ibérica pasó a manos de los romanos. Hispania[2] era la más romanizada de las colonias del Imperio. Además del sistema legal   Imperio *Empire*
5 y la cultura y de la lengua latina, adoptó la religión cristiana de la Iglesia católica. Desde esa época, el catolicismo se convirtió en la religión oficial o   se convirtió *became* al menos ha sido dominante en todo el mundo   al menos *at least* hispánico.
10   Las invasiones posteriores de la península por   posteriores *later* los visigodos del norte de Europa en el siglo V y por los moros de África en el siglo VIII no hicieron más que pequeñas modificaciones en el sistema religioso de la península. Los visigodos
15 terminaron por adoptar el cristianismo. Los mo-   terminaron por *ended by* ros, que eran relativamente tolerantes de otras religiones, permitieron la coexistencia del catoli- cismo con el islamismo.   islamismo *Moslem religion*

---

[1] las guerras púnicas   *the Punic Wars. Three wars (264–241, 218–201, 149–146 B.C.), in which the Romans defeated the Carthaginians and made important progress in the creation of the Roman Empire.*

[2] Hispania   *the Roman name for the Iberian Peninsula.*

En realidad, la lucha que emprendieron los españoles para expulsar a los moros tomó el carácter de una cruzada cristiana, y tendió a reforzar la importancia de la Iglesia en la sociedad
5 española. Esta lucha, que se llamó la Reconquista, duró casi ocho siglos y resultó en 1492 en el establecimiento de la nación española. En ese mismo año, el descubrimiento de América ofreció a los españoles la oportunidad de cris-
10 tianizar una nueva región del mundo.

Durante este período de lucha, España se convirtió en el país católico más importante. Cuando la fe católica fue atacada por la Reforma protestante[3] en Europa, España tuvo que defenderla.
15 La Contrarreforma[4] se proclamó en el siglo XVI e hizo de España el enemigo de casi todo el resto de Europa. Se puede decir que esta última lucha religiosa es una de las causas mayores de la decadencia del poder español en el mundo.

20 ## I. Religión y sociedad

Se puede ver que la Iglesia católica ha tenido gran importancia en la política de España. Lo mismo ocurrió en el resto del mundo hispánico. Desde la época romana ha existido el concepto
25 de la unidad de la Iglesia y el estado y aunque en los gobiernos modernos esta alianza no es oficial, en los más conservadores siempre existe una gran influencia. La Iglesia tiende a influenciar al pueblo a favor del gobierno. Éste, a cambio,
30 le da ciertas preferencias a la Iglesia que la ayudan en su deseo de mantener su posición espiritual exclusiva.

Uno de los aspectos más debatidos del papel de la Iglesia es la cuestión de su poder económico.
35 Esto es especialmente importante en Hispanoamérica, donde el desarrollo económico es una

---

Glosses (right margin):

lucha *struggle*
emprendieron *undertook*
expulsar *to expel*
tendió *tended to*
reforzar *to reinforce*

duró *lasted*

descubrimiento *discovery*
cristianizar *to convert to Christianity.*

fe *(f) faith*
atacada *attacked*

poder *(m) power*

unidad *unity*

pueblo *people*
éste *the latter*
a cambio *in exchange*
preferencias *advantages*
mantener *to maintain*

debatidos *debated*
papel *(m) role*
cuestión *matter*

desarrollo *development*

---

[3] la Reforma protestante   *Protestant Reformation. Begun in 1517 by Martin Luther in reaction to Catholicism.*

[4] la Contrarreforma   *Counter-Reformation. The movement started by the Roman Catholic Church to reassert its spiritual hegemony in Europe.*

cuestión política dominante. Los misioneros fueron los primeros en llegar a algunas regiones apartadas. Por eso, como la Iglesia tuvo mucha permanencia como institución, se adueñó de un porcentaje notable de la tierra. Esta situación siempre resultó en crítica severa a la Iglesia. La respuesta de ésta es que a causa de su poder puede utilizar la tierra de una manera más eficaz.

apartadas *distant*
se adueñó *took possession*

eficaz *efficient*

La Iglesia también tiene otros tipos de poder en las sociedades hispánicas. Está presente en cada pueblo o centro de población y su organización es dirigida desde la capital, así que a veces resulta más eficaz que el gobierno nacional. También tiene gran influencia porque participa en los momentos más importantes de la vida del hombre, es decir, el bautismo, el matrimonio y la muerte.

dirigida *directed*
a veces *at times*

bautismo *baptism*
matrimonio *marriage*

En muchos lugares la única escuela es la parroquial y la Iglesia administra un sistema de universidades en muchas ciudades del mundo hispánico. Además, sirve como la mayor agencia de caridad, y el cura ocupa el lugar de consejero personal de los ciudadanos. Por último, en los pueblos más apartados, la iglesia, por ser el edificio más grande, sirve como centro de fiestas y reuniones sociales.

Esta tremenda presencia en casi todos los aspectos de la vida ha sido motivo de crítica por parte de ciertos partidos políticos, y ha habido varias tentativas de sustituir el poder de la Iglesia por el de un gobierno democrático. Esta oposición a la Iglesia, o anticlericalismo, ha sido una corriente política especial en los países hispánicos durante toda la época moderna. Para el extranjero es muy necesario saber que la oposición consiste en una crítica de la Iglesia como institución política-social y casi nunca implica un ataque a la fe católica. La gran mayoría de los políticos y ensayistas que critican a la Iglesia siguen siendo católicos. Ven el poder y el abuso político y económico de la Iglesia como algo inapropiado en la sociedad moderna. Los defensores de la Iglesia responden que los gobiernos seculares muestran peores abusos.

parroquial *parochial*

caridad *charity*
cura *priest*
consejero *advisor*
ciudadanos *citizens*

reuniones sociales *(f)*
  social gatherings

tentativas *attempts*

implica *implies*
mayoría *majority*
ensayistas *(m) essayists*
siguen siendo *continue to be*
inapropiado *inappropriate*
defensores *(m) defenders*
seculares *secular*

II. La religión y la vida personal

Lo anterior indica la presencia notable de la religión en la vida hispánica. Esta larga tradición religiosa ha resultado en una actitud especial hacia el papel de la religión en la vida. Hay pocas actividades en que no se note la presencia de la religión.

La gran mayoría de las fiestas que se observan son fiestas religiosas. La Navidad y la Semana Santa[5] son sólo las más conocidas, pero además

anterior *previous*

actitud *attitude*

---

[5] la Navidad y la Semana Santa *Christmas and Holy Week (the week before Easter Sunday).*

cada pueblo tiene su santo patrón y el día dedicado a ese santo se celebra cada año y es la
fiesta más importante del pueblo. En el mundo
hispánico es costumbre celebrar el día del santo
5 de una persona en vez de su cumpleaños. En
algunos países, una de las fiestas más grandes es
el carnaval, que marca el comienzo de la cuaresma. El bautismo, la primera comunión, y aún
el velorio, aunque son actos o ceremonias reli-
10 giosos, ofrecen una ocasión de reunión social. En
la Semana Santa, especialmente en España, hay
procesiones y actos solemnes durante toda la semana. El Día de los Muertos[6] (2 de noviembre)
se observa con actividades religiosas también. En
15 España es tradicional ir a ver *Don Juan Tenorio*,[7]
obra dramática en la que hay escenas de
ultratumba.

santo patrón *(m) patron saint*
se celebra *is celebrated*

cumpleaños *(m) birthday*

marca *marks*
cuaresma *Lent*
aún *even*
velorio *wake*

ultratumba *beyond the grave*

---

[6] el Día de los Muertos *All Souls' Day. A Catholic religious day marked by prayers and services for the souls in purgatory.*

[7] *Don Juan Tenorio* *a play by the famous Spanish playwright, José Zorrilla (1817–1893).*

El misterio tiene bastante importancia en las prácticas religiosas del mundo hispánico. La fe, a veces profunda, resulta en una extrema religiosidad, enfocada en los aspectos maravillosos
5 y misteriosos de la religión. El hombre hispánico se siente atraído por la religión dramática y ceremonial. Las iglesias tradicionales muestran esta preferencia con un decorado simbólico lleno de imágenes que refuerzan la espiritualidad de la
10 gente.

religiosidad *religiosity*
enfocada *focused*

atraído *attracted*

decorado *setting*
imágenes *(f) statues*
espiritualidad *spirituality*

El pueblo también usa la religión para explicar lo sobrenatural. La superstición popular no es una cosa anti-religiosa. Al contrario, tiende a fundirse con los conceptos ortodoxos para formar
15 un punto de vista algo especial. Por ejemplo, la doctrina católica dice que el purgatorio contiene las almas en pena. El pueblo cree que estas almas visitan la tierra, se hacen visibles y algunas veces pueden perseguir a los vivos que les hicieron
20 daño en la vida. Cuando algo bueno pasa se cree que es obra de algún santo.

sobrenatural *supernatural*
fundirse *to fuse*

almas en pena *souls in*
  agony
se hacen visibles *become*
  visible
perseguir *to haunt*
daño *harm*

Otras cosas que muestran la presencia constante de la religión son las palabras y frases exclamatorias de origen religioso. «Por Dios» o «Dios
25 mío» son usados por cualquier persona en cualquier situación, mientras que los equivalentes en inglés son reservados para ocasiones de más importancia. Además, es costumbre en el mundo hispánico dar nombres de personajes sagrados
30 a los hijos. El nombre femenino más popular es María, que por lo general lleva también otro nombre de la Virgen, como María del Rosario o María de la Concepción. Jesús o Jesús María es un nombre masculino común.

mientras que *while*

personajes sagrados *(m)*
  sacred persons

35 ## III. La religión en Hispanoamérica

Los españoles trajeron al Nuevo Mundo tradiciones ya establecidas. La cristianización de los indios trajo ciertas modificaciones, si no en la doctrina, al menos en la manifestación de estas
40 tradiciones.

ya establecidas *already*
  established

Las grandes civilizaciones indígenas ya tenían sus antiguas religiones, que se distinguían del catolicismo en que tenían muchos dioses. Cada uno tenía su función especial: el dios de la lluvia, el
5 dios de la fertilidad, etc. Los santos católicos tenían a veces funciones parecidas, y los indios les dieron mucha importancia a estas funciones. Por eso, hasta hoy día, los santos ocupan un lugar más importante entre la gente del pueblo
10 en Hispanoamérica que en España.

Otra costumbre que puede venir de los indios es la de ofrecer algo—comida, por ejemplo—a la imagen del santo cuando se hace una petición.

Las religiones indígenas también revelaban
15 cierto fatalismo vital, porque sus dioses eran más voluntariosos que el Dios cristiano. El concepto de que la vida en la tierra es una prueba por la cual el hombre gana la salvación no era común en estas religiones. Se ganaba el paraíso de otras
20 maneras: por la forma en que uno moría, o por la ocupación que tenía en el mundo. Este fatalismo parece haber sobrevivido en el catolicismo de América.

Como los españoles, los indios vivían bajo un
25 sistema en que el jefe del estado también era jefe religioso. Esta unión de las dos instituciones sugiere que para ellos también la religión formaba parte integral de la vida. Más adelante, los curas llegaron en muchos casos a ocupar una posición
30 política, puesto que, en lugares apartados, la comunicación con el gobierno central era infrecuente. Mientras que en España el poder político de la Iglesia se concentra en los más altos niveles eclesiásticos, en Hispanoamérica existe el caso
35 contrario. El cura de parroquia, por su proximidad al poder local, muchas veces tiene más influencia política.

Es obvio que la religión ocupa un lugar central en la civilización hispánica y en la vida del hombre
40 hispánico. Este hecho es básico para conocer esa cultura en cualquiera de sus manifestaciones: el arte, la política, la filosofía o la sicología.

---

indígenas *native*
antiguas *ancient*

lluvia *rain*

parecidas *similar*

petición *request*

vital *toward life*
voluntariosos *willful*
prueba *test*

paraíso *paradise*

sobrevivido *survived*

sugiere *suggests*

llegaron . . . a *came to*
puesto que *since*

niveles *(m) levels*

proximidad *nearness*

sicología *psychology*

EJERCICIOS

I. Preguntas

1. ¿Cuándo llegó la religión cristiana a España?   2. ¿Qué otros aspectos culturales han venido de los romanos?   3. ¿Qué hizo España frente a la Reforma protestante?   4. ¿Cuál es uno de los poderes más debatidos de la Iglesia?   5. ¿En qué aspectos importantes de la vida participa la Iglesia?   6. ¿Fue usted bautizado o casado en una iglesia?   7. ¿Qué es el anticlericalismo? 8. ¿Cuál es el papel especial de la religión en el mundo hispánico? 9. ¿Qué ceremonias religiosas sirven como ocasión social? 10. ¿Celebra usted su cumpleaños o el día de su santo? 11. ¿Qué aspectos de la religión atraen más a la persona hispánica? 12. ¿A usted le gusta el misterio en la religión?   13. ¿Qué origen tienen los fantasmas según el pueblo español?   14. ¿Cuál es el nombre femenino más común en el mundo hispánico?   15. ¿El nombre de usted tiene origen religioso?   16. ¿Qué influencia modifica la religión católica en Hispanoamérica?

II. Puntos de contraste cultural

1. ¿Qué diferencias hay en el papel de la religión entre el mundo hispánico y los Estados Unidos?
2. ¿Por qué no tiene la Iglesia tanto poder en los Estados Unidos como en el mundo hispánico?
3. ¿Qué prefiere usted, la religión misteriosa y dramática o la religión más racional y clara? ¿Por qué?
4. ¿Prefiere usted las iglesias modernas y sencillas o las antiguas y tradicionales? ¿Por qué?

III. Ejercicios de vocabulario

A. Buscar 25 palabras en el texto que sean similares en forma y significado a sus equivalentes en inglés.

B. Utilizando los ejemplos de las palabras entre paréntesis, dar las palabras equivalentes en español.

MODELO: (institución) identification   *identificación*

1. (romano) human _____
2. (historia) memory _____
3. (católico) romantic _____

4. (existencia) independence _____
5. (realidad) humanity _____

C. Completar los grupos siguientes.

1. establecer **establecimiento**
   ofrecer _____
   _____ **conocimiento**

2. importancia **importante**
   decadencia _____
   _____ **presente**

3. pena **penoso**
   fama _____
   _____ **maravilloso**

4. organizar **organización**
   participar _____
   _____ **modificaciones**

5. desarrollo **desarrollar**
   apoyo _____
   _____ **desear**

IV. Ejercicios de composición dirigida

A. Completar las frases según el texto, utilizando las palabras entre paréntesis y otras necesarias.

1. El anticlericalismo ha sido . . .
   (política, corriente, durante, moderna, época, toda)
2. La gran mayoría de las fiestas . . .
   (observan, se, que, religiosas, fiestas, son)
3. Es costumbre en el mundo hispánico . . .
   (nombres, sagrados, personajes, hijos, dar)
4. Las religiones de los indios . . .
   (catolicismo, distinguían, se, en que, muchos, tenían, dioses)
5. La religión ocupa un . . .
   (civilización, central, lugar, hispánica)

B. Completar las frases siguientes de acuerdo a la lectura.

1. Además de la lengua, los romanos dieron a España . . .
2. El poder económico de la Iglesia es importante en Hispanoamérica porque . . .
3. En vez del cumpleaños es costumbre celebrar . . .
4. Las iglesias muestran el gusto del hombre hispánico por . . .
5. Entre los indios los dioses fueron sustituidos por . . .

UNIDAD

Aspectos de la familia en el mundo hispánico

4

VOCABULARIO ÚTIL

Estudiar estas palabras antes de leer el ensayo.

adquirir (ie)   to acquire
contra   against
empresa   enterprise, business
empresario, -a
  businessperson
estructura   structure
familiar   family (adj.)
grave   serious
heredar   to
  inherit;   **heredero, -a**   heir
hogar *(m)*   home, hearth
menor   smaller, lesser, younger
  (with people)

pariente *(m or f)*   relative
perspectiva   prospect
preocupación   concern, worry
propiedad   property;
propietario, -a   property owner
relacionarse con   to be
  related to (but not in the sense of
  kinship)
sentido   sense
sugerir (ie)   to suggest
tratar de   to deal with, to try to
valiente   brave
valor *(m)*   value

Una de las características más interesantes de
cualquier cultura es la estructura de la familia y
su papel en la sociedad. Se podría decir que la
familia representa los valores de la sociedad en
5 menor escala. En el mundo hispánico los lazos
familiares muestran rasgos importantes para la
comprensión de la cultura. El sentido de familia
se extiende a casi todas las esferas de la vida y
en muchos casos es el sentimiento fundamental
10 del individuo.

cualquier *any*
papel *(m)role*
en menor escala *on a
  small scale*
lazos *ties*
rasgos *traits*

esferas *spheres*

I. Los lazos familiares

En el poema épico *Cantar de Mío Cid,*[1] del siglo
XII, considerado como la primera obra de la literatura española, el Cid, además de guerrero va-
15 liente, es también padre de familia. Gran parte
del poema trata de cómo el Cid venga una ofensa

guerrero *soldier*

venga *avenges*

---

[1] *Cantar de Mío Cid   National epic of Spain, written about 1140 to glorify the deeds of the Spaniards
in the Reconquest of the peninsula from the Moors. The Cid lived from about 1030 to 1099.*

cometida contra sus hijas. En la literatura española siempre ha existido mucha preocupación por el honor del individuo. Este honor está relacionado con los miembros de la familia; por
5 ejemplo, la manera más común de atacar verbalmente a alguien es por medio de una ofensa a un familiar.

por medio de *by means of*
familiar *(m) family member*

En la época moderna, se puede observar lo mismo en ciertos fenómenos lingüísticos. Los in-
10 sultos más graves tienden a implicar a los miembros de la familia del insultado. En el poema *Martín Fierro,*[2] del siglo XIX, un gaucho trata de insultar a otro ofreciéndole un vaso de aguardiente:

gaucho *cowboy (Arg.)*
aguardiente *(m) liquor*

"Diciendo: 'Beba, cuñao,'
15 —'Por su hermana; contesté,
Que por la mía no hay cuidao.' "

Existen varios insultos relacionados con la madre de uno y el decir sencillamente «Yo soy tu padre» es una de las peores ofensas.
20 Todo esto sugiere la importancia fundamental del honor de la familia en la vida hispánica. Si se examina la sociedad contemporánea se puede ver que el sentimiento de familia ejerce gran influencia en casi todas las instituciones sociales.

25 ## II. La familia y la política

En la política, muchas veces los lazos familiares determinan las alianzas con más fuerza que la ideología o el partido. Aún más importante es la práctica del nepotismo en las burocracias. Esta
30 práctica, que se prohibe frecuentemente en los Estados Unidos por ser ineficaz e injusta, es más común (y menos censurada) en el mundo hispánico. Además, las prohibiciones tienen poco efecto porque nadie puede negar que la lealtad

partido *political party*

ineficaz *inefficient*
injusta *unfair*

negar *to deny*
lealtad *loyalty*

---

[2] *Martín Fierro Narrative poem by the Argentinean José Hernández, written in 1872. The poem is a classic study of the gaucho in his struggle against the move of civilization into the pampas. The quote says: "Drink, brother-in-law." "It must be because of your sister, 'cause I'm not worried about mine."*

y las obligaciones con la familia son más importantes que otras consideraciones. Por eso, se han visto casos en los que todos los oficiales de un pueblo eran de la misma familia.

5   En el mundo del comercio existe el mismo fenómeno. Es aquí donde se muestra con más efecto la importancia de la familia. Si un empresario comercial prefiere utilizar a su sobrino, arriesgando así la utilidad del negocio, entonces 10 se entiende que es una obligación seria. Después de todo, el funcionario de gobierno no gasta su propio dinero cuando emplea a un pariente. En cambio, el hombre de negocios muchas veces pone el lazo familiar por encima de las ganancias 15 y pérdidas de su empresa.

   En el campo, los grandes propietarios han seguido tradicionalmente otra práctica que influye en las relaciones familiares—el mayorazgo. Esta práctica le da al hijo mayor toda la propiedad de 20 la familia en vez de dividirla entre todos los hijos. Esto se había hecho desde la época romana en España y ha continuado hasta hoy en muchas partes. El propósito es mantener la propiedad entera en manos de una sola persona. El hijo 25 mayor tiene la obligación de mantener y de cuidar a los otros hijos si ellos así lo desean. En tiempos de crisis o de necesidad, los otros hijos pueden usar el patrimonio. De hecho, la casa familiar siempre es considerada como el hogar de los 30 hijos, aún después de casados. En las haciendas tradicionales es común encontrar juntas a varias familias y generaciones. Muchas veces los hijos no establecen casa propia. Existe, sin duda, cierta presión sobre los hijos para que tengan una ca-35 rrera, aunque es preferible que sigan viviendo «en casa».

   Ha habido muchos casos históricos y literarios de segundones resentidos por falta de perspectivas, a no ser la de casarse con la hija de otra 40 familia sin herederos masculinos.

   En el siglo XVIII en Hispanoamérica una de las pocas posibilidades que tenía un segundón era el ejército. Por ser de buena familia no podía

comercio *business*

sobrino *nephew*
arriesgando *risking*
utilidad *profit*

en cambio *on the other hand*

por encima de *above*
ganancias y
  pérdidas *profit and loss*

de hecho *indeed*

casados *married*

sin duda *doubtlessly*
carrera *career*

segundones *second sons*
resentidos *resentful*
a no ser *except*

ejército *army*

dedicarse al comercio o a otro oficio similar, y el gobierno colonial estaba reservado para los españoles de la península. La otra profesión posible era el clero. Cuando nacieron las primeras ideas
5 de independencia, el ejército y el clero se unieron rápidamente a las fuerzas rebeldes para conseguir más privilegios para sí mismos. Esto ayudó mucho en la lucha contra España. Simón Bolívar, considerado como el padre de la independencia,
10 era el segundo hijo de una familia numerosa. Pero Bolívar tuvo buena fortuna: un tío le había dejado bastante dinero.

oficio *trade*

clero *clergy*

para sí mismos *for themselves*

III. La familia y la sociedad

La influencia de los sentimientos de familia tam-
15 bién se extiende a la esfera social. Un gran número de ocasiones sociales son de tipo familiar. Generalmente, en los días de fiesta o los domingos, la familia recibe en su casa o visita a otros miembros de la familia. Estas ocasiones se ca-
20 racterizan por la presencia de los niños y los abuelos.

Lo que sorprende a los norteamericanos cuando visitan los países hispánicos es la presencia de los niños en casi todas las fiestas.[3] Ellos se acostum-
25 bran a participar con los adultos en las fiestas y otras ocasiones, como las bodas y los bautismos. Tienden a formar parte de la familia en el sentido social desde muy pequeños. Así están aprendiendo continuamente cómo comportarse en so-
30 ciedad. Se acostumbran a tratar con personas de varias edades—abuelos, padres y hermanos mayores—, desarrollando así una capacidad que mantienen como adultos. Se ven grupos de personas de diferentes edades en lugares públicos
35 como el cine o los bailes. Hay menos tendencia a agruparse según la edad, como en la sociedad

se acostumbran *become used to*

bodas *weddings*

comportarse *to behave*

agruparse *to gather*

---

[3] The cocktail party (el cóctel) *purely for adults is a fairly recent phenomenon in urban areas. Children are not likely to attend these.*

norteamericana. Por eso también es menos molesto llevar a la mamá o al hermano menor
cuando dos jóvenes van al cine.[4]

    No es raro encontrar a los abuelos, los padres
5 y los hijos junto con algún tío o tal vez un primo
viviendo en la misma casa. Los sociólogos han
observado varias ventajas en esta situación. Una
de ellas es que los niños tienen más personas que
los cuiden, y por eso no necesitan tanta atención
10 de cada uno. También tienen más de un modelo
y si, por desgracia, pierden a uno de los padres,
hay otros adultos presentes. Con tantas personas
en casa no es necesario pagar a alguien de afuera
para cuidar a los niños—la palabra *baby-sitter* no
15 tiene equivalente exacto en español.[5] Las tareas
domésticas se comparten y son menos pesadas.

molesto *bothersome*

ventajas *advantages*

por desgracia
  unfortunately

de afuera *from outside*

se comparten *are shared*
pesadas *troublesome*

---

[4] *The requirement of a chaperone when young people date is still common although not universal.
It is not unusual to see a couple on a date with a younger sister or brother or the mother of one
of the young people. As with many other social traditions it happens less often in large cities than
in small towns.*

[5] baby-sitter *the word* niñera *is sometimes used for this term, but it really means "nursemaid."*

Las desventajas de esta convivencia son: para los
adultos, una falta completa de vida privada, y
para los niños, una falta de independencia, que
se advierte más tarde en sus acciones y perso-
5 nalidades de adulto.

Una tradición que muestra lo que significa el
lazo familiar es la de incluir a todos los parientes,
aún los más lejanos, en lo que se considera la   lejanos   *distant*
familia. Si llega un primo al pueblo desde otro
10 lugar, se le trata como miembro de la familia local
y tiene los derechos y privilegios correspon-   derechos   *rights*
dientes. Queda implícitamente invitado a visitar   queda . . . invitado   *he has*
a la familia, a comer en la casa y hasta a dormir   *a standing invitation*
allí si es posible. A veces, una persona puede
15 viajar por todo el país sin tener que ir a parar en
un hotel, porque tiene familia en cada pueblo.
Este sentimiento de unidad es bastante fuerte en
la familia y muchas veces domina la vida del
individuo.
20 Como en toda sociedad católica, los padrinos   padrinos   *godparents*
asumen serias obligaciones hacia los niños en
caso de la ausencia de los padres. Es verdade-
ramente un honor ser elegido padrino y ser con-   elegido   *chosen*
siderado como un miembro de la familia.

25 ## IV. El significado de la familia

En la familia inmediata o «nuclear» (padre, madre,
e hijos), es notable el papel del padre. Aunque
tradicionalmente el hombre ha dominado en el
hogar, él siempre ha tenido un contacto constante
30 e íntimo con sus hijos. Aunque su «machismo»
le impide cocinar o lavar la ropa, no por eso deja
de cuidar a sus niños con gusto y orgullo. El   orgullo   *pride*
orgullo por los niños es algo que se destaca en   se destaca   *stands out*
la sociedad hispánica y que tal vez ha contribuído
35 a mantener fuerte el sentido de la familia.

Este orgullo también contribuye a crear uno de
los problemas más graves de Hispanoamérica: el   crecimiento   *growth*
crecimiento desenfrenado de la población, que   desenfrenado
frustra los esfuerzos del progreso social. Además   *uncontrolled*
                                                    además de   *besides*

de la prohibición religiosa de los métodos artifi-
ciales de control de la natalidad, hay obstáculos   natalidad *birth*
sociales y personales que hacen difícil que la
5 gente acepte tales procedimientos. La masculinidad y la femineidad de ambos padres están
implicadas en el tamaño de las familias. En las
regiones rurales, también entran las cuestiones
económicas: el hijo es mano de obra. Los efectos   mano de obra *worker*
10 económicos negativos, sin embargo, han resul-
tado en campañas oficiales en varios países
hispánicos dedicados al control de la natalidad.
   Es obvio que la familia ocupa un lugar muy
importante tanto en la sociedad como en la vida
15 del individuo. Influye en casi todas las instituciones del mundo hispánico desde los partidos

políticos hasta las reuniones sociales. No pocas
veces determina la posición del individuo en la
sociedad, porque el niño hereda el buen nombre
familiar además de los bienes materiales. Esta

> bienes *(m)goods*

5 herencia tiene gran importancia para las futuras
oportunidades de la persona. Además, ejerce una
fuerza moral bastante efectiva, puesto que, junto

> puesto que *since*

con la buena fama, uno hereda la obligación de
mantenerla.

10   La familia también es importante para el desarrollo del individuo. La familia existe siempre
como un grupo ya hecho, lleno de tradición y
significado. El niño adquiere la conciencia de per-

> pertenecer *to belong*

tenecer a un grupo sin peligro de ser expulsado

> peligro *danger*
> ser expulsado *to be*
>   *expelled*

15 y sin tener que probar nada más que su lealtad.
Claro que la familia no aprueba todo lo que hacen

> aprueba *approves*

sus miembros, pero tolera casi todo. Es decir que,
por malo que sea el individuo, siempre está ligado

> por malo que
>   sea *however bad he*
>   *may be*

a la familia por la sangre. La familia es un grupo

> sangre *(f)blood*

20 que ofrece protección, consuelo en los fracasos

> consuelo *consolation*
> fracasos *failures*

y calor y comprensión contra la soledad. Todo
esto da un sentido de seguridad que a veces res-
tringe el desarrollo sicológico y resulta en una

> restringe *restricts*

tendencia a depender demasiado de la familia.
25 Es frecuente el caso de que alguien rechace opor-

> rechace *rejects*

tunidades de trabajo por no querer dejar a la
familia para ir a vivir a otra parte. Las compañías
tratan de no mudar a sus empleados de un lugar

> mudar *transfer*

a otro para evitar problemas. El concepto de la
30 sociedad móvil que ha dominado tanto en los
Estados Unidos en las últimas décadas no se ha
establecido bien en el mundo hispánico. Aunque
esto podría impedir el progreso económico, es

> impedir *to hamper*

obvio que tiene algunas ventajas notables. Desde
35 el punto de vista social, el sistema norteamericano
no siempre ha dado buenos resultados. Algunos
creen que esta movilidad es responsable por el
aumento de los crímenes y problemas mentales

> aumento *growth*

en los Estados Unidos.
40   Es importante recordar que el grupo básico a
que pertenece el individuo hispánico es su familia.
Ésta inspira una lealtad más fuerte que cualquier
otra. Para la mayoría de la gente, la familia está

antes que el empleo, el partido político o la comodidad personal.

comodidad *comfort*

El ensayista mexicano, Octavio Paz, dice lo siguiente: «La familia es una realidad muy pode-
5 rosa. Es el hogar en el sentido original de la palabra: centro y reunión de los vivos y los muertos,
a un tiempo altar, cama donde se hace el amor,
fogón donde se cocina, ceniza que entierra a los
antepasados . . . La familia ha dado a los mexi-
10 canos sus creencias, valores y conceptos sobre
la vida y la muerte, lo bueno y lo malo, lo masculino y lo femenino, lo bonito y lo feo, lo que
se debe hacer y lo indebido.»[7]

ensayista *essayist*

hogar *hearth*

a un tiempo *at once*

fogón *fire*
ceniza *ashes*

lo indebido *that which
should not be done*

EJERCICIOS

I. Preguntas

1. ¿Qué representa la familia en la sociedad? 2. ¿En qué época
histórica vivió el Cid? 3. ¿Cuál es una manera muy común de
ofender a un individuo? 4. ¿Qué importancia tiene la familia en
la política? 5. ¿Cómo se justifica el nepotismo en el mundo
hispánico? 6. ¿Ha trabajado usted para un pariente? ¿Hasta
dónde se extendió su lealtad? 7. ¿Cuál es el propósito del mayorazgo? 8. ¿Qué obligaciones tiene el hijo mayor? 9. ¿Cuáles
son las posibilidades tradicionales de los segundones? 10. ¿Por
qué tenía Simón Bolívar dinero? 11. ¿Cuándo comienzan los
niños a participar en las fiestas? 12. ¿Qué ventaja tiene esto?
13. ¿Quiénes se pueden incluir en la familia hispánica? 14. ¿Ha
vivido usted con muchos parientes? 15. ¿Le gustaría a usted salir
con su novia (novio) acompañado de su mamá? 16. ¿Cuáles son
los factores que impiden el uso de métodos para el control de la
natalidad? 17. ¿Qué fuerza moral ejerce la familia sobre el

---

[7] Octavio Paz, *El ogro filantrópico* (Mexico: Joaquín Mortiz, 1979) p. 23. Paz is one of the best-
known essayists in Mexico. His book *El laberinto de la soledad* (trans. The Labyrinth of Solitude,
Grove Press, N.Y., 1961) contains some interesting insights into the Mexican character, most of
which also apply to the Hispanic character. The book cited here contains an update of many of
the points made in the earlier book. Paz was born in 1914.

hijo? 18. ¿Se ha mudado usted de casa muchas veces? 19. ¿Cree usted en el concepto de la sociedad móvil? 20. ¿Cree usted que las ventajas de un sentimiento fuerte de familia son grandes?

II. Puntos de contraste cultural

1. ¿Qué diferencias se pueden observar entre la familia en el mundo hispánico y en los Estados Unidos?
2. ¿Cree usted que algunas de las diferencias se deben al carácter rural de la sociedad hispánica?
3. ¿Cuáles son las diferencias en la actitud familiar hacia los niños?
4. ¿Cree usted que es bueno incluir a los niños en las fiestas de adultos?

III. Ejercicios de vocabulario

A. Completar según los modelos.

MODELOS: justo *injusto*
probable *improbable*

1. eficaz _____ 5. posible _____

2. _____ innecesario 6. _____ infrecuente

3. ofensivo _____ 7. cómodo _____

4. _____ inútil 8. _____ impersonal

MODELO: gracia *desgracia*

1. conocido _____ 4. _____ desligar

2. _____ desventaja 5. aparecer _____

3. acostumbrado _____ 6. _____ descuidar

MODELO: costumbre *acostumbrarse*

1. grupo _____ 3. socio _____

2. _____ apoderarse 4. asombro _____

B.   Completar según los modelos.

> MODELOS: society *sociedad*
> worker *trabajador*

1.   capacity   _____   6.   observer   _____
2.   necessity   _____   7.   counter   _____
3.   possibility   _____   8.   creator   _____
4.   utility   _____   9.   governor   _____
5.   facility   _____   10.   conqueror   _____

IV. Ejercicios de composición dirigida

A.   Completar las frases utilizando las palabras entre paréntesis.

1.   Se podría decir que la familia . . .
(sociedad, valores, escala, representa, menor)
2.   Los insultos más graves . . .
(familia, insultado, suelen, implicar, miembros)
3.   La casa familiar . . .
(considerada, hogar, siempre, casados, después, hijos, es)
4.   El niño se acostumbra . . .
(bodas, participar, adultos, con, ocasiones, otras, como, bautismos, fiestas)
5.   La familia existe . . .
(grupo, significado, tradición, lleno, hecho, siempre, como)

B.   Completar las frases.

1.   Las prohibiciones contra el nepotismo tienen poco efecto porque . . .
2.   Los propietarios siguen el mayorazgo, que es . . .
3.   Hay muchos casos históricos de segundones . . .
4.   Los factores que impiden el uso de métodos para el control de la natalidad incluyen . . .
5.   La sociedad móvil no se ha establecido en el mundo hispánico porque . . .

El hombre y la mujer en la sociedad hispánica

5

VOCABULARIO ÚTIL

Estudiar estas palabras antes de leer el ensayo.

asistir	to attend	**regresar**	to return
bastante *(adv.)*	quite, very	**resolver (ue)**	to resolve
consciente	conscious	**ser** *(m)*	being
débil	weak	**único, -a**	only, unique
derecho	right	**vestido, -a**	dressed
desaparecer	to disappear	**a pesar de**	in spite of
esposo, -a	spouse	**cada vez más**	more and more
evitar	to avoid	**ha habido**	there has (have) been
favorecer	to favor		
hacia	toward	**la mayor parte**	the greater part, the majority
largo	long		
mejorar	to improve	**por un lado**	on the one hand
referirse a (ie)	to refer to	**toda una serie**	a whole series

La sociedad hispánica tiene una larga tradición de orientación masculina. Durante la mayor parte de la historia de la civilización hispánica, el hombre ha dominado en casi todas las esferas de
5 la vida. Aunque ha habido progreso hacia la igualdad en las ciudades, la situación ha cambiado poco fuera de los centros urbanos. Como en todo el mundo occidental, en los países hispánicos ha existido y existe una división clara
10 entre los derechos, privilegios y obligaciones de cada sexo.

igualdad equality
fuera de outside of
occidental western

I. Los nombres hispánicos

El sistema de apellidos refleja esta dominación masculina. Los niños llevan los apellidos del
15 padre y de la madre, pero el del padre va primero. El hijo de Juan Gómez Rodríguez y de María López Gutiérrez será Francisco Gómez López, o Gómez y López.[1] Los apellidos de las abuelas,

apellidos surnames

---

[1] *Gómez y López The use of* y *between the father's and mother's names is optional. The case with* de *is more complicated: it is used to designate a married name of a woman, for example,* María López Gutiérrez de Gómez, *where* López Gutiérrez *is her maiden name. In older names it was also used simply to mean "from" and later was frequently incorporated into the name permanently. All these usages tend to be variable.*

Rodríguez y Gutiérrez, se pierden. Si Francisco se casara con Teresa Vargas Aguilar, su hijo sería Mario Gómez Vargas. Se ve que es sólo el apellido del lado masculino el que se conserva, así que si un matrimonio sólo tiene niñas el nombre desaparecerá después de dos generaciones. Las familias muy conscientes de su linaje a veces continúan usando los apellidos por más tiempo, pero eventualmente el resultado es el mismo.

Hay, sin embargo, algunos casos en que el hijo ha escogido otro procedimiento. El famoso pintor español Diego Velázquez (1599–1660), hijo de Juan Rodríguez de Silva y de Jerónima Velázquez, debería haberse llamado Diego Rodríguez de Silva y Velázquez. Pero por ser su padre portugués y su madre de una familia aristocrática sevillana, el pintor prefirió usar su apellido materno.

Otro caso semejante es también el de un pintor: Pablo Diego José Francisco de Paula Juan Nepomuceno María de los Remedios Cipriano de la Santísima Trinidad Ruiz Blasco Picasso López, hijo de José Ruiz Blasco y de María Picasso López. También él escogió su apellido materno y se hizo famoso con el nombre de Pablo Picasso (1881–1973). Se ve un ejemplo también de la costumbre de dar toda una serie de nombres cristianos a los hijos a veces, por lo general para honrar a varios parientes. Claro que se escoge uno o dos de los nombres para el uso diario y los otros sólo aparecen en la partida de nacimiento.

se casara con *married*

matrimonio *couple*

linaje *(m) lineage*

escogido *chosen*
procedimiento *procedure*

debería haberse
llamado *should have
been called*

se hizo *became*

diario *daily*
partida *certificate*

II. La sociedad patriarcal

Sin embargo, casos como el de Velázquez o el de Picasso son excepcionales; el sistema decididamente favorece la línea paterna. Muchas otras instituciones tradicionales de la sociedad hispánica también favorecen al hombre. Generalmente, las mujeres están limitadas a las tareas domésticas, o si trabajan, limitadas a los trabajos más sencillos. Aunque seguramente cambiará la situación, la

mujer hispánica está en una posición bastante
inferior a la de sus hermanas en el resto del
mundo occidental. Sin duda esto se debe en parte   se debe   *is due*
a los factores económicos, pero también contri-
buye el machismo, que crea criterios sociales muy
distintos entre el hombre y la mujer. El machismo
es un fenómeno socio-sicológico que se define
como una preocupación exagerada por la mas-
culinidad—abarca lo físico, lo sexual, lo social y   abarca   *it includes*
aún lo político. Es un problema cuando se con-
vierte en un anhelo de comprobar la masculini-   anhelo   *urge*
dad porque entonces puede conducir a acciones   comprobar   *to prove*
antisociales y hasta patológicas.

    Las distinciones entre el hombre y la mujer se
ven claramente en las relaciones sexuales. La
actividad sexual del hombre es cosa aceptada
mientras que para la mujer toda relación que no
sea con el marido queda estrictamente prohibida.
El tener una «querida» no es infrecuente en la   querida   *mistress*
sociedad hispánica tradicional.

Hay dos cosas que contribuyen a esta situación: primero, la fuerte prohibición religiosa contra el control artificial de la natalidad que dificulta la actividad sexual de la mujer; y segundo, la imagen
5 de la mujer como una persona pasiva y débil frente a los apetitos sexuales del hombre. Esta última idea conduce a la tradición de prohibir que la mujer salga sola con un hombre. Esto se hace no tanto por falta de confianza en la castidad de
10 la mujer como por temor a la debilidad femenina. Es una manera de pensar muy diferente de la anglo-sajona, que exige que los jóvenes enamorados supriman los deseos naturales. En el mundo hispánico se trata de evitar esa supresión
15 voluntaria mandando a la hermana menor o aún a la mamá de la muchacha a acompañar a los jóvenes a los bailes o al cine.

castidad   *chastity*
temor   *(m) fear*

exige   *demands*
enamorados   *in love*

A pesar de esta relativa falta de libertad personal y profesional ha habido casos de mujeres
20 que se han destacado personalmente en la literatura, la enseñanza y la política, superando los obstáculos que encontraron en su camino.

se han destacado   *have excelled*
enseñanza   *education*
superando   *overcoming*

III. Las mujeres en la literatura hispánica

Sor Juana (1651–1695)—Durante la época co-
25 lonial en Hispanoamérica la literatura pocas veces alcanzó el nivel de la de España. La única figura de importancia fue una mujer, Juana Inés de Asbaje y Ramírez de Santillana, más conocida por su nombre eclesiástico, Sor Juana Inés de la
30 Cruz. Sor Juana nació en Nueva España[2] en 1651, época en que las muchachas tenían la elección de casarse o entrar al convento.

elección   *choice*

Sor Juana era una niña muy inteligente, que había aprendido a leer a los tres años, y durante
35 su juventud tuvo gran fama intelectual y social en la corte del Virrey.[3] En un ensayo famoso confiesa

ensayo   *essay*

---

[2] Nueva España   *New Spain, the name given the colony which included the known parts of North and Central America. The local center was Mexico City.*

[3] Virrey   *viceroy. In colonial administration the viceroy was the king's representative in the colony. He possessed most of the powers of a monarch and was ultimately responsible only to the king.*

que trató de convencer a su madre de que debía
asistir a la universidad vestida de hombre porque
no admitían a las mujeres. La madre no accedió
y Sor Juana tuvo que aprender todo por sí sola.

5 Sin embargo, por razones misteriosas, a los 16
años decidió renunciar a la sociedad y entrar en
un convento. Su única explicación fue que no
tenía interés en el matrimonio y quería dedicarse
al estudio y a la literatura. La vida religiosa tenía

10 cierta atracción porque le ofrecía sosiego y tiempo
para las tareas intelectuales.[4] Los hombres podían
dedicarse a una vida de maestro o profesor, pero
para una mujer de inclinaciones intelectuales la
única posibilidad era el convento. Durante casi

15 treinta años Sor Juana escribió poesía, considerada entre la más bella y original que se ha creado
en la lengua española. Su obra muestra las ten-
siones internas de una mujer, por un lado sinceramente católica y por otro consciente de las

20 nuevas ideas científicas. Además de este conflicto,
se ve en su obra la enajenación causada por su
condición de mujer intelectual.

Algunos de sus versos son de tipo amoroso,
lo que hace pensar que Sor Juana entró al con-

25 vento a causa de un amor fracasado. Otros creen
que los versos son simbólicos y que se refieren
a los problemas que causaba su curiosidad intelectual frente a la sociedad cerrada de su época.
Versos como éstos no resuelven el misterio:

30   Hombres necios que acusáis
    a la mujer sin razón,
    sin ver que sois la ocasión
    de lo mismo que culpáis;

    Queréis, con presunción necia
35   hallar a la que buscáis,
    para pretendida, Thais,
    y en la posesión, Lucrecia.[5]

Glosas (margen):

no accedió   *did not give in*
por sí sola   *on her own*

sosiego   *tranquillity*

maestro   *school teacher*

enajenación   *alienation*

amor fracasado   *ill-fated romance*

frente a   *faced with*

necios   *foolish*
que acusáis   *who accuse*
sin razón   *wrongly*
ocasión   *cause*
culpáis   *you criticize*

presunción   *conceit*
hallar   *to find*
pretendida   *lover*

---

[4] tareas intelectuales   *In that period convent life was relatively easy; the discipline was not too strict nor the demands too great. For many they served as places of meditation on religion and life.*

[5] Thais . . . Lucrecia   *Two women of classical mythology; the first a famous Greek courtesan, the second a Roman model of virtue. The poem criticizes men who seek a sexual relationship with women but want to marry a virgin.*

¿Pues para qué os espantáis
de la culpa que tenéis?
Queredlas cual las hacéis
o hacedlas cual las buscáis.

5 Cualquiera que fuera el motivo, Sor Juana vertió
en sus muchas poesías algún tormento interior
y lo supo hacer dentro de una sociedad que desaprobaba la libertad intelectual, sobre todo de
parte de una mujer. Así que la vida y obra de Sor
10 Juana forman uno de los capítulos más interesantes de la historia de la cultura hispánica, y
hacen de esta poetisa la primera feminista del
continente.

Gabriela Mistral (1889–1957)—Entre los siete
15 escritores hispánicos[6] que han recibido el Premio
Nobel de Literatura se encuentra una mujer chi-
lena, Gabriela Mistral (nombre literario de Lucila
Godoy Alcayaga). Poetisa de lirismo intenso,
Gabriela también alcanzó fama internacional por
20 su actividad en la educación. En 1922 José Vasconcelos[7] la invitó a México para cooperar en la
reforma educacional que llevaba a cabo bajo el
nuevo gobierno revolucionario. Muchas de sus
ideas todavía forman parte del sistema de en-
25 señanza de México.

Después de terminar esta tarea, Gabriela sirvió
en el servicio diplomático de Chile en los Estados
Unidos y en Europa, donde se destacó con igual
brillo. En 1945 le otorgaron el Premio Nobel de
30 Literatura «por el aliento humanitario que caracteriza su obra y su vida».

La poesía de Gabriela refleja un incidente
trágico de su juventud cuando el hombre a quien

Glosses (right margin):

espantáis   *fear*

queredlas   *love them*
cual   *as*
hacedlas   *make them*

vertió   *poured*

desaprobaba   *disapproved*
de parte de   *on the part of*

lirismo   *lyricism*

llevaba a cabo   *which was
being completed*

se destacó   *she
distinguished herself*
brillo   *brilliance*
otorgaron   *granted*
aliento   *spirit*

---

[6] siete escritores   *The Nobel Prize for literature has gone to seven Hispanic writers: José Echegaray
(Spain, 1832–1916) in 1904; Jacinto Benavente (Spain, 1866–1954) in 1922; Gabriela Mistral
(Chile, 1889–1957) in 1945; Juan Ramón Jiménez (Spain, 1881–1958) in 1956; Miguel Ángel
Asturias (Guatemala, 1899–1974) in 1967; Pablo Neruda (Chile, 1904–1973) in 1971; Vicente
Aleixandre (Spain, 1900–) in 1977.*

[7] José Vasconcelos   *One of the best known of the intellectuals who reformed the government of
Mexico after the revolution of 1910. Vasconcelos became minister of education and was instru-
mental in the creation of a system of rural schools staffed by volunteer teachers from the cities.
Gabriela was by profession a teacher in a rural school.*

amaba profundamente, murió. Esto y su carrera de maestra rural forman casi toda su obra. Se nota un énfasis en el amor maternal, aun hacia el amante perdido, como demuestra el soneto
5 siguiente:

carrera *career*

amante *(m or f) lover*

Del nicho helado en que los hombres te pusieron, te bajaré a la tierra humilde y soleada. Que he de dormirme en ella los hombres no supieron,
10 y que hemos de soñar sobre la misma almohada.

nicho helado *frozen niche*
te bajaré *I will lower you*
humilde y soleada
humble and sun-bathed

y . . . almohada *and that we would be dreaming on the same pillow (the earth)*

Te acostaré en la tierra soleada con una dulcedumbre de madre para el hijo dormido, y la tierra ha de hacerse suavidades de cuna al recibir tu cuerpo de niño dolorido.

dulcedumbre *(f) sweetness*
suavidades de cuna *lullabies*

15 Luego iré espolvoreando tierra y polvo de rosas, y en la azulada y leve polvareda de luna, los despojos livianos irán quedando presos.

espolvoreando *spreading*
polvo *dust*
azulada *blue*
leve *light*
polvareda *dust swirls*
despojos *specks*
livianos *tiny*
presos *caught*

Me alejaré cantando mis venganzas hermosas, ¡porque a ese hondo recóndito la mano de
20 ninguna
bajará a disputarme tu puñado de huesos!

me alejaré *I shall move away*
hondo recóndito *deep hiding place*
disputarme *fight me for*
puñado *handful*

Los sonetos a la muerte, 1922

Se puede ver que han existido varias mujeres entre las grandes figuras literarias del mundo
25 hispánico. En la actualidad podríamos mencionar a Ana María Matute y a Carmen Laforet,[8] destacadas novelistas españolas y a Carmen Conde, poetisa española, que fue elegida en 1979 como primer miembro femenino de la Real Academia
30 Española de la Lengua.[9] Es de notar que, de todos los que han recibido el Premio Nadal, que

---

[8] Ana María Matute y Carmen Laforet *Matute (b. 1926) is the author of several prize-winning novels and many short stories. She is perhaps best known for her portrayal of children. Laforet (b. 1921) has also written numerous works including her most famous novel Nada (1944) for which she won the Premio Nadal at the age of 23. The Premio Nadal is the equivalent in Spain of the Pulitzer Prize in U.S. letters.*

[9] Real Academia Española de la Lengua *The Royal Academy is the official organization in Spain charged with maintaining the purity of the language. Election to one of the 36 lifetime seats is a very high honor. Carmen Conde was born in 1907.*

se da a la mejor novela española de cada año,
más del cuarenta por ciento son mujeres.

IV. Las mujeres en la política

Si la literatura representa una carrera bastante
5 abierta a las mujeres, ¿qué se puede decir de la
política? Aunque Gabriela Mistral tuvo algo de
participación en la política, todo fue dentro de la
educación. A través de la historia, dos reinas han
dirigido a España, aunque la más importante fue   dirigido   *governed*
10 Isabel I la Católica, quien tuvo la visión de proveer   proveer   *to supply*
fondos para la expedición de Cristóbal Colón.   fondos   *funds*
Isabel I también influyó en la organización de las
colonias y su actitud, más humanitaria que la del
rey Fernando, mejoró el tratamiento a los indios.   tratamiento   *treatment*
15 Ella fue la que insistió en que los indios debían
ser súbditos de la corona de España en vez de   súbditos   *subjects*
ser considerados esclavos. Isabel creía que los   esclavos   *slaves*
indios eran seres humanos con posibilidad de
salvación y apoyó mucho la empresa misionera   empresa   *enterprise*
20 de la Iglesia.

La otra reina, Isabel II, ocupó el trono breve-   trono   *throne*
mente en el siglo XIX y su reino fue marcado por
intrigas y guerras internas. La nueva constitución
de España, adoptada en 1978, mantiene la tra-
25 dición de preferencia del hombre sobre la mujer
como heredero del trono. La esposa del rey es   heredero   *heir*
la reina pero no tiene ningún poder oficial. Si
muere el rey, el trono lo ocupa el primogénito.   primogénito   *first-born son*

Con todo lo dicho sobre la dominación mas-
30 culina, es interesante que los únicos ejemplos de
presidentes femeninos[10] en el hemisferio occidental han ocurrido en los países hispánicos. En
1974 Isabel Perón subió a la presidencia de la
República Argentina después de la muerte de su
35 esposo, el presidente Juan Perón (1895–1974).

---

[10] presidentes femeninos   *The entry of women into previously all male positions has created widely variable usage with regard to gender. A female president may be designated as "el presidente" or "la presidente." "La presidenta" is reserved, where it is used at all, for the wife of the president. In Argentina El Presidente Señora Isabel Perón was considered most proper.*

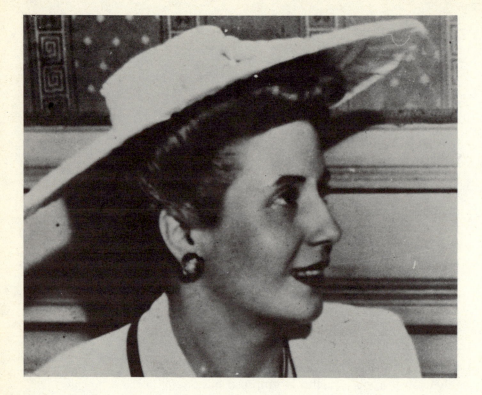

Éste había sido elegido presidente en 1946 y
durante los seis primeros años de su mandato,
su segunda esposa, Eva ("Evita") Duarte lo
ayudó a mantener su popularidad. Evita murió
5 en 1952 y Perón fue derrocado en 1955. Después de 18 años de exilio regresó triunfante a la
Argentina e insistió en que su tercera esposa,
Isabel, fuera candidata para vicepresidente. Al
enfermarse Perón poco después de las elec-
10 ciones, nombró a su esposa como presidente interino. Isabel ocupó el puesto hasta 1976 cuando
una junta militar la depuso.

El otro caso ocurrió en Bolivia, donde Lydia
Gueiler fue elegida presidente por el Congreso
15 en 1979 después de varios meses de crisis en el
gobierno.

Así se ve que, aunque la sociedad hispánica
ha favorecido siempre al hombre, también existen
casos de mujeres ilustres comparables a cualquier
20 figura histórica, hombre o mujer, de otros países.

mandato *term*

derrocado *overthrown*
exilio *exile*

interino *interim*

depuso *deposed*

ilustres *famous*

En los últimos años las mujeres del mundo hispánico van despertándose cada vez más a la posibilidad de cambios en cualquier situación. Muchos de los países tienen organizaciones fe-
5 ministas y el Congreso Internacional de la Mujer se celebró en México en 1978. La misma constitución española que mantiene el dominio masculino en la monarquía, también tiene un artículo (Núm. 14) que dice así: «Los españoles son
10 iguales ante la ley, sin que pueda prevalecer discriminación alguna por razones de nacimiento, raza, sexo, religión, opinión o cualquier otra circunstancia personal o social.»

ante *before*
prevalecer *to prevail*

EJERCICIOS

I. Preguntas

1. ¿Cómo reflejan los apellidos el dominio masculino?   2. ¿Lleva usted su apellido materno?   3. ¿Por qué escogió Diego Velázquez su apellido materno?   4. ¿Por qué existe la costumbre de dar tantos nombres cristianos a los hijos?   5. ¿Qué es el machismo? 6. ¿Por qué entró Sor Juana en el convento?   7. ¿Cuál es la posición de la mujer intelectual hoy día en Hispanoamérica? 8. ¿Cuántos escritores hispánicos han ganado el Premio Nobel de Literatura?   9. ¿Por qué fue a México Gabriela Mistral? 10. ¿Qué tragedia sufrió Gabriela en su juventud?   11. ¿Quién pagó la expedición de Cristóbal Colón?   12. ¿Qué fama tiene la reina Isabel II de España?   13. ¿Quién fue la primera presidente de una nación americana?   14. ¿Cree usted que sería posible para una mujer llegar a ser presidente de los Estados Unidos? 15. ¿Cómo fue posible en la Argentina?   16. ¿Cree usted que las mujeres sufren opresión en los Estados Unidos hoy día? 17. ¿Cómo se originó esta situación?   18. ¿Cuáles son las carreras vedadas a las mujeres?   19. ¿Ha ganado alguna mujer norteamericana el Premio Nobel?

II. Puntos de contraste cultural

1. ¿Las mujeres en el mundo hispánico son más o menos libres que en los EE.UU.?
2. ¿Qué diferencias hay entre la situación de la mujer urbana y la mujer campesina? ¿Por qué existen estas diferencias?
3. ¿Cuáles son las diferencias en la posición social de la mujer en Hispanoamérica y en los Estados Unidos?

III. Ejercicios de vocabulario

A.   Completar según los modelos.

MODELO: activo *actividad*

1.   masculino   _____   4.   _____ humanidad

2.   curioso   _____   5.   materno   _____

3.   _____ relatividad

MODELO: débil *debilidad*

1.   _____ originalidad   4.   _____ intelectualidad

2.   actual   _____   5.   fácil   _____

3.   _____ personalidad

B.   Indicar los sinónimos.

1.	elegir	a.	trabajos
2.	natalidad	b.	distinguido
3.	únicamente	c.	sólo
4.	tareas	d.	nacimiento
5.	famoso	e.	retener
6.	conservar	f.	ilustre
7.	destacado	g.	escoger

C.   Indicar las palabras con significado opuesto.

1.	primero	a.	cerrado
2.	prohibir	b.	último
3.	nacer	c.	comenzar
4.	terminar	d.	morir
5.	abierto	e.	permitir

IV. Ejercicios de composición dirigida

A. Completar las frases con las palabras entre paréntesis.

1. Como en todo el mundo occidental ha existido y existe . . .
    (derechos, entre, clara, privilegios, sexo, división, obligaciones, cada)

2. Generalmente, las mujeres están . . .
    (domésticas, trabajan, si, limitadas, tareas, trabajos, sencillos, más)

3. A pesar de esta falta de libertad, existen casos de mujeres que . . .
    (destacado, personalmente, han, literatura, se, enseñanza, política, hasta)

4. La poesía de Gabriela Mistral refleja un incidente trágico . . .
    (amaba, profundamente, juventud, quien, cuando, murió, hombre)

5. Con todo lo dicho sobre la dominación masculina, es interesante que los únicos ejemplos . . .
    (occidental, han, presidentes, hemisferio, sido, hispánicos, femeninos, países)

B. Completar las frases.

1. Las familias más conscientes de su linaje . . .
2. La mujer hispánica está en una posición . . .
3. En la época de Sor Juana las muchachas tenían . . .
4. Es de notar que, de todos los que han recibido el Premio Nadal . . .
5. Aunque la sociedad hispánica ha favorecido al hombre en general . . .

6

El concepto hispánico de la muerte

VOCABULARIO ÚTIL

Estudiar estas palabras antes de leer el ensayo.

ambiente *(m)* atmosphere, environment

ataúd *(m)* coffin

colocar to place, locate

consolar to console

distinto, -a different

diversión amusement, entertainment

enterrar (ie) to bury

fantasma *(m)* ghost

humilde humble, modest

implicar to imply

leyenda legend

miedo fear;

dar miedo to cause fear

morir(se) (ue) to die

muerte *(f)* death

muerto, -a dead

mundial world (adj.)

paraíso paradise

principio beginning;

al principio at first

prueba test

reflejar to reflect

salvar to save, rescue

semejante similar

sorprenderse to be surprised

tristeza sadness

El concepto que un pueblo tiene de la muerte puede revelar bastante acerca de su cultura. Como la muerte es algo que existe y que siempre ha existido en todas las culturas, es uno de los
5 aspectos universales que sirve de comparación y de contraste entre grupos distintos. Es uno de los temas más comunes de la literatura mundial, tal vez por su constante presencia, o porque existe la necesidad de consolar a los que están espe-
10 rando el último hecho de la vida.

pueblo *people*

mundial *of the world*

hecho *event*

I. Las actitudes hispánicas

Sin duda alguna el anglosajón que visita un país hispánico se sorprende ante la presencia cotidiana de la muerte. En vez de ser una cosa escondida,
15 la muerte es una preocupación constante del pueblo hispánico, tanto que puede parecer mórbida al extranjero no acostumbrado a esa cultura. La gente hispánica parece vivir pensando en la muerte: en los familiares y amigos difuntos

cotidiana *everyday*

difuntos *deceased*

(¡que en paz descansen!),[1] en los entierros, en los asesinatos, accidentes, enfermedades y todas las tragedias del mundo moderno.

Hay fenómenos lingüísticos que muestran esta
5 preocupación con la muerte. Un «muerto de hambre», una «mosca muerta», «de mala muerte», son términos muy comunes para referirse a un pobre, a un hipócrita o a una cosa sin valor, respectivamente. La última, «de mala muerte», in-
10 teresa por su sentido figurativo. Refleja una actitud hacia la muerte que también se expresa en la frase, «Dime cómo mueres y te diré quién eres», hecha famosa en un ensayo del mexicano Octavio Paz.[2] Las dos frases implican que de alguna
15 manera la muerte define la vida y que una muerte mala implica una vida mala o sin valor.

La actitud hispánica hacia la muerte se originó en la Edad Media. Durante la época medieval la muerte constituía el paso decisivo hacia la vida
20 eterna; era el principio de la vida verdadera, que sería gloriosa si uno había vivido bien en la tierra. A esta visión consoladora de la muerte, se unía otra: la de *La danza de la muerte,* un largo poema medieval. Se presentaba a la muerte como iguala-
25 dora de todas las distinciones sociales y económicas de la tierra. Ni el rey puede escaparse de la muerte y debe terminar en el mismo lugar que el hombre más humilde. En ese poema anónimo dice la muerte: «¡Oh, hombre! ¿Por qué curas de vida
30 tan breve en punto pasante?» Esta pregunta es repetida frecuentemente en la Edad Media: ¿por qué preocuparse de la vida breve en la tierra cuando la otra eterna lo espera a uno después de la muerte?
35 Tal vez la expresión más conocida de esta actitud esté contenida en los versos de un poeta

entierros *funerals*
asesinatos *murders*

mosca *fly*

sin valor *worthless*

Edad Media *Middle Ages*

igualadora *equalizer*

ni *not even*

curas *worry*
breve *brief*
en punto pasante *which passes in a moment*

---

[1] ¡que en paz descansen! *May they rest in peace. This phrase is typically used whenever mention is made of a dead person, especially a relative or friend. Others are:* Dios lo guarde. *God keep him.* Que descanse con Dios. *May he rest with God.*

[2] *The phrase means: "Tell me how you die, and I'll tell you what you're worth."*

español del siglo XV, Jorge Manrique,[3] que dice
en sus *Coplas:*

> Nuestras vidas son los ríos
> que van a dar en la mar,
> que es el morir;
> allí van los señoríos
> derechos a se acabar
> y consumir;
> allí los ríos caudales,
> allí los otros, medianos
> y más chicos;
> allegados, son iguales
> los que viven por sus manos
> y los ricos.

van a dar	*end up*
señoríos	*dominions*
derechos	*straight*
caudales	*rushing*
medianos	*medium size*
chicos	*small*
allegados	*having arrived*

Sigue el poema con una lista de los aspectos tran-
sitorios del mundo: la hermosura física, la fuerza
juvenil, la riqueza, el poder político, etc. Lo único
de esta vida que se considera permanente es la
gloria ganada en las luchas contra los moros.

    Estos ejemplos revelan que la actitud medieval
presentaba a la muerte como algo casi deseable:
«al morir, descansamos» dice Manrique. En la
época moderna la vida asume más importancia,
pero aún existen rastros de la idea medieval, que
son suficientes para mantener cierta atracción
hacia la muerte, o al menos disminuir el miedo
que se le tiene.

    En la sociedad hispánica moderna la muerte
fascina, intriga y, aun más, desafía al hombre.
Los riesgos implícitos en la corrida de toros ejemplifican esta atracción. El hombre y el toro luchan
a muerte, y el hecho de que el toro muere más
frecuentemente no cambia el simbolismo. Muchos toreros han muerto en la corrida a través de
los años.

transitorios	*temporary*
rastros	*traces*
al menos	*at least*
desafía	*challenges*
riesgos	*risks*
hecho	*fact*
toreros	*bullfighters*

[3] Jorge Manrique (1440–1478) *A famous medieval Spanish poet. His* Coplas a la muerte de su
padre *contain a cogent expression of the medieval attitude toward life and death.*

II. Las actitudes indígenas

Los indígenas americanos también tenían sus propias ideas acerca de la muerte, y después de la conquista, éstas pasaron a formar parte de la
5 cultura hispánica.

De los mayas se sabe poco; sólo lo que revela el Obispo Diego de Landa, que investigó esa cultura en el siglo XVI. Según Landa, los mayas demostraban gran tristeza ante la muerte. Se la-
10 mentaban ruidosamente y atribuían el hecho al diablo o al dios del mal. Enterraban a la gente común bajo el piso de su casa, la cual abandonaban después. A los nobles—los sacerdotes— los enterraban con más cuidado, colocando las
15 cenizas en el centro de las pirámides. Algunas tribus tenían la costumbre de hervir el cadáver hasta poder separar la carne de los huesos, los cuales usaban para reconstruir la cara del muerto con resina. Guardaban estas figuras en una es-
20 pecie de album familiar de los antepasados. Los mayas, al igual que otros grupos, practicaban el sacrificio humano.

Los incas del Perú tenían un concepto de la muerte muy semejante al europeo. Creían que
25 después de la existencia terrenal había otra vida eterna. Si uno había vivido bien, terminaba en el cielo, que ofrecía todos los placeres, y si no, iba al infierno, que era un lugar muy frío.

Quizás los aztecas hayan tenido el concepto
30 más interesante. Concebían la existencia como un círculo: el nacimiento y la muerte eran sólo dos puntos en ese círculo. Creían que la humanidad había sido creada varias veces antes y que siempre sufría un cataclismo terrible. Lo que de-
35 terminaba el lugar del alma no era la conducta en la vida sino el tipo de muerte y la ocupación que en vida había practicado la persona: los guerreros muertos en batalla o sobre la piedra de sacrificio iban al paraíso oriental, que era la casa
40 del Sol, donde vivían en jardines llenos de flores.

---

lamentaban *lamented*

ruidosamente *loudly*

enterraban *(they) buried*

piso *floor*

cenizas *ashes*

hervir *to boil*

resina *resin*
especie *(f) kind*
antepasados *ancestors*

terrenal *earthly*

placeres *(m) pleasures*

infierno *hell*

concebían *(they)
conceived of*

cataclismo *catastrophe*

guerreros *warriors*

paraíso *paradise*

Después de cuatro años volvían a la tierra en forma de colibríes.

Las mujeres que morían en el parto iban al paraíso occidental, la casa del maíz. Al bajar a la
5 tierra, lo hacían de noche como fantasmas. Esta tradición, junto con algunas historias españolas del mismo tipo, han sido conservadas en la leyenda de «la llorona», una mujer que camina por la tierra de noche amenazando a las mujeres y
10 a los niños. Los ahogados o muertos por el rayo iban al paraíso fértil de Tlaloc, el dios de la lluvia.

El infierno de los aztecas quedaba al norte y presentaba nueve pruebas para las almas antes de que éstas pudieran llegar al descanso final:
15 ríos caudalosos, vientos helados, fieras que comían los corazones, etc. Para ayudar al muerto en estas pruebas era costumbre enterrar varios instrumentos y armas con el cadáver.

Aunque todas las civilizaciones indígenas co-
20 nocían el sacrificio humano, ninguna lo practicó tanto como los aztecas. Los sacrificios servían, principalmente, como alimento para los dioses que demandaban la vida contenida en la sangre y el corazón humanos.
25 Buen ejemplo era el culto azteca de Huitzilopochtli, el dios del sol, guerrero que todos los días tenía que luchar contra las estrellas y contra su hermana la luna para dar otro día de vida al hombre. Los aztecas se consideraban elegidos del
30 sol y por eso se dedicaban a la guerra ritual— llamadas guerras floridas—no para conquistar nuevos territorios sino para conseguir prisioneros para el sacrificio. Según los cronistas, se hacían más de 20.000 sacrificios por año. El público es-
35 taba obligado a asistir a estos ritos bajo pena de castigos severos, lo que hace pensar que la muerte constituía una presencia constante en la vida diaria de los aztecas, como lo era también en la vida española. Al mezclarse estas dos cul-
40 turas, la muerte siguió ocupando un lugar central en los cultos de la vida.

colibríes *(m)*
   hummingbirds
parto *childbirth*

llorona *crying or moaning*
   woman
amenazando *threatening*
ahogados *drowned*
rayo *lightning*

pruebas *tests*

caudalosos *raging*
fieras *beasts*

estrellas *stars*

floridas *select, elitist*

pena *penalty*
castigos *punishment*

al mezclarse *upon mixing*

III. Prácticas funerarias

La gran atención que se da a la muerte en la
sociedad hispánica ha resultado en toda una serie
de prácticas y costumbres. Algunas reflejan creen-
5 cias religiosas, mientras que otras dejan ver la
tradición popular.

Una de las más conocidas es el velorio, una
vigilia para honrar al difunto y consolar a sus
familiares. En algunos casos, durante el velorio
10 se sirve comida y bebida, y para la mayoría de
los asistentes constituye una ocasión social. De
todos modos, es un acto indispensable entre las
tradiciones familiares.

Otra costumbre importante es la de publicar
15 un anuncio en el periódico, a veces en la primera
plana. Estos anuncios o «esquelas de defunción»
llevan el nombre del difunto y de los miembros
de su familia. Como las esquelas son pagadas,
el tamaño tiende a reflejar la posición económica
20 de la familia. Es común también encontrar otros
anuncios publicados por los amigos, los empleados, los socios o los parientes del muerto.

La costumbre de vestirse de luto también es
muy común en la sociedad hispánica. La viuda
25 guarda luto relativamente severo durante uno,
dos, o más años y toda la familia tiene la obligación de llevar una vida restringida, sin fiestas
ni diversiones durante cierto tiempo.

También se acostumbra ofrecer misas espe-
30 ciales por el alma del difunto, y encender velas
votivas. Con todo esto se trata de asegurar que
entre el alma en el paraíso.

Una superstición muy común es que las almas
que no pueden entrar en el paraíso están con-
35 denadas a vagar por la tierra de noche. Cuando
una persona muere a manos de un asesino y no
recibe la extremaunción, o sea los ritos finales,
su alma vuelve a la tierra para vengarse del responsable. Estas almas «en pena» son la fuente de
40 muchos cuentos y leyendas que se utilizan para
inspirar miedo a los niños malcriados.

velorio *wake*
vigilia *vigil*

de todos modos *anyway*

anuncio *announcement*
plana *page*
esquelas de defunción
  death notices

tamaño *size*

socios *partners*
luto *mourning clothes*
viuda *widow*
guarda luto *observes
  mourning*

restringida *restricted*

misas *masses*
encender *to burn*
velas votivas *votive
  candles*

vagar *to wander*

extremaunción *last rites*

«en pena» *in agony*

malcriados *misbehaving*

Otra costumbre relacionada con la muerte es
la de celebrar el «Día de los Muertos» el dos de
noviembre.[4] Durante ese día se recuerda a los
muertos o a la muerte como fenómeno. En al-
5 gunos sitios se hacen dulces y panes en forma de
calaveras y esqueletos, y en los pueblos pequeños
la gente pasa el día en el cementerio, donde lim-
pian alrededor de los sepulcros y ponen flores
frescas en la tumba de los familiares. Como en
10 el velorio, el ambiente se vuelve casi festivo. Esto
sugiere que la actitud hacia la muerte no podría
llamarse mórbida. La muerte se considera cosa
natural y hasta ordinaria. Los sicólogos contem-
poráneos sugieren que la tendencia norteameri-
15 cana a clasificar a la muerte como un tabú para
los niños crea efectos negativos en el adulto, ya
que éste no aprende a vivir con la muerte y no
sabe enfrentarla cuando se presenta. Este problema no existe para el niño hispánico. Al con-
20 trario: la muerte puede convertirse en una obsesión. Un posible efecto sicológico es que la

calaveras *skulls*
esqueletos *skeletons*

sepulcros *graves*

enfrentarla *to face it*

---

[4] Día de los muertos *Also called* Día de los difuntos, *known in English as All Soul's Day. This
religious holiday is a more important event in the Hispanic world than in the United States.*

muerte ejerza gran atracción sobre la persona, lo que podría conducir al suicidio.

Un fenómeno interesante en el mundo hispánico es la preocupación por los restos mortales. En los ⁵ casos de personas ilustres se pueden crear verdaderas polémicas sobre su destino. Tal es el caso de Cristóbal Colón, descubridor de América. Hoy día existen dos tumbas que guardan los restos de Colón, una en la catedral de Sevilla y la otra en ¹⁰ Santo Domingo. Colón murió en España, pero su familia hizo trasladar el cadáver a Santo Domingo, la primera colonia del Nuevo Mundo.[5] En 1795 España cedió la mitad española de la isla de Santo Domingo a Francia. Las autoridades ¹⁵ creían que debían salvar los restos de Colón y los trasladaron a Cuba, una colonia segura en esa época, donde fueron enterrados. En 1898, al comenzar la guerra de la independencia cubana, las autoridades decidieron llevar los restos a Sevilla ²⁰ para que no cayeran en manos de los norteamericanos. Sin embargo, en 1877 las autoridades de Santo Domingo encontraron un ataúd que se decía contenía los restos de Colón, lo que quiere decir que los que se habían enterrado en ²⁵ Cuba en 1795 eran los de otra persona. Todavía no se sabe con seguridad en cuál de las dos tumbas están verdaderamente los restos de Colón.

Otro caso interesante es el de los restos de Evita Perón, popularísima esposa del Presidente Juan ³⁰ Perón de la Argentina. En 1955 el ataúd de Eva Perón fue enterrado secretamente en Italia por órdenes del General Aramburu, el jefe del movimiento que depuso a Perón en ese año. Cuando Perón estaba exilado en España, recibió ³⁵ del gobierno italiano los restos de Evita, que fueron depositados en una iglesia jesuita en España.

Cuando Perón regresó a la Argentina, después de 18 años, prometió al pueblo el traslado de los restos de Evita. Después que murió Perón, en

restos *remains*

trasladar *to transfer*

cedió *ceded*

enterrados *buried*

no cayeran *would not fall*

ataúd *(m) coffin*

depuso *overthrew*

---

[5] Santo Domingo *An island in the Caribbean where the first Spanish-American government was located. It is now divided between two countries—the Dominican Republic and Haiti (formerly a French colony). The capital city of the Dominican Republic is Santo Domingo.*

julio de 1974, un grupo «peronista» robó el cadáver del General Aramburu de su mausoleo y demandó de Isabel Perón la devolución de los restos de Evita a cambio de los de Aramburu. La
5 presidente consintió y el mismo día que llegó el ataúd de Evita a la Argentina (noviembre de 1974) los restos de Aramburu fueron devueltos. El entierro de Eva Perón en Buenos Aires tuvo lugar cuatro meses después del de su esposo,
10 Juan Perón.

devolución   *return*

consintió   *agreed*

devueltos   *returned*
tuvo lugar   *took place*

IV. La atracción de la muerte

Como ya se ha mencionado, la corrida de toros es básicamente un desafío a la muerte. Se cuentan muchos hombres hispánicos entre los que
15 practican otros deportes peligrosos como las carreras automovilísticas, el alpinismo, etc. Parecen sentir la necesidad de desafiar o de atraer a la muerte. Octavio Paz sugiere que la propensión del mexicano hacia la pelea violenta con navajas
20 o pistolas durante las fiestas y el uso excesivo de las bebidas alcohólicas reflejan esta misma actitud. Aunque Paz habla del mexicano, su concepto es válido para toda Hispanoamérica: «Para el habitante de Nueva York, París o Londres, la
25 muerte es la palabra que jamás se pronuncia porque quema los labios. El mexicano, en cambio, la frecuenta, la burla, la acaricia, duerme con ella, la festeja, es uno de sus juguetes favoritos y su amor más permanente.» Paz tiene la idea de que
30 la muerte no asusta al mexicano porque «la vida le ha curado de espantos».[6] Los estudios sicológicos revelan que la presencia de la muerte se encuentra con más frecuencia en los sueños de la gente hispánica.
35   En la historia se ven repetidos casos de suicidios, a pesar de la prohibición católica contra ese

carreras   *races*
alpinismo   *climbing*

pelea   *fight*
navajas   *knives*

quema   *burns*
frecuenta   *courts*
burla   *mocks*
acaricia   *caresses*
festeja   *celebrates*
juguetes   *toys*
asusta   *scare*

---

[6] «la vida le ha curado de espantos»   *"life has cured him of shocks"; that is, he has suffered every possible misfortune in life so death cannot be anything worse.*

acto. El poeta colombiano José Asunción Silva
(1865–1896) pidió a su médico que le trazara en
la ropa interior el lugar exacto del corazón y volvió
a casa para pegarse un tiro en el lugar marcado.
5 El cuentista argentino Horacio Quiroga
(1878–1937) pasó varios años obsesionado con
la muerte y produjo una serie de cuentos sobre
el tema antes de suicidarse.

trazara *trace*
ropa interior *underwear*
pegarse un tiro *to shoot
   himself*

En conclusión, un aspecto interesante de la
10 cultura hispánica es su actitud hacia la muerte.
Se la ve como una cosa natural, ubicua y aceptada por todos. La muerte ejerce una atracción
innegable para los hispanoamericanos. Como
cree Octavio Paz, tal vez sea «una indiferencia
15 hacia la vida lo que elimina el miedo a la muerte».
Pero también puede ser a causa de las tradiciones, tanto españolas como indígenas, que ven
en la muerte la definición de la vida: lo que da
sentido y valor al presente. El poeta mexicano
20 José Gorostiza (1901–1973) describe la vida
como una «Muerte sin fin» en un largo poema del
mismo título. Es muy necesario comprender, o
al menos conocer, esta actitud para poder entender la cultura hispánica.

ubicua *ubiquitous*

innegable *undeniable*

EJERCICIOS

I. Preguntas

1. ¿Por qué sirve la muerte como buen punto de comparación
entre las culturas? 2. ¿Cuál es la primera sorpresa que experi-
menta el extranjero al conocer la actitud hispánica sobre la
muerte? 3. ¿Puede usted explicar su propia actitud sobre la
muerte? 4. ¿Qué significa «Dime cómo mueres y te diré quién
eres»? 5. ¿Cuál era el concepto de la muerte en la Edad Media? 6. ¿Qué dice el autor de *La danza de la muerte*? 7. ¿Según
Manrique ¿por qué no importan la belleza, la riqueza y el
poder? 8. ¿Qué actitud hacia la muerte ejemplifica la corrida de
toros? 9. ¿Cómo enterraban los mayas a los nobles? 10. ¿Qué
determinaba el lugar final del alma para los aztecas? 11. ¿Quiénes

practicaban el sacrificio humano? 12. ¿Para qué servían las guerras floridas de los aztecas? 13. ¿Quiénes asistían a los sacrificios? 14. ¿Qué es una esquela de defunción? 15. ¿Cuál es la leyenda de «la llorona»? 16. ¿Ha asistido usted a muchos entierros? 17. ¿Cómo se celebra el dos de noviembre en el mundo hispánico? 18. ¿Por qué se han trasladado tantas veces los restos de Colón? 19. ¿Cómo se suicidó José Asunción Silva? 20. ¿Por qué es importante comprender el concepto hispánico de la muerte?

II. Puntos de contraste cultural

1. ¿Qué actitud hacia la muerte es más saludable, la hispánica o la norteamericana?
2. ¿Cómo se comparan Halloween y el Día de los Muertos?
3. ¿Sabe usted dónde están los restos de George Washington o de Abraham Lincoln?

III. Ejercicios de vocabulario

A. Indicar los sinónimos.

1. muerto		a.	diario
2. cotidiano		b.	asustar
3. funeral		c.	sin valor
4. de mala muerte		d.	hermosura
5. mandar		e.	tumba
6. belleza		f.	difunto
7. suficiente		g.	nota
8. esquela		h.	entierro
9. sepulcro		i.	bastante
10. espantar		j.	regir

B. Dar la forma con -*mente*.

MODELO: rápido *rápidamente*

1. frecuente		6.	cultural
2. actual		7.	ritual
3. violento		8.	peligroso
4. nuevo		9.	eterno
5. tradicional		10.	repetido

C.   Completar con la forma correcta de la palabra entre paréntesis.

  1.   (atraer) La muerte ejerce una _____ fuerte.
  2.   (victoria) Anuncia su regreso _____ .
  3.   (ubicuo) Es notable la _____ de la muerte.
  4.   (enfermo) Las _____ a veces traen la muerte.
  5.   (consolar) La viuda necesita el _____ de los amigos.
  6.   (igual) La muerte puede verse como la gran _____ .
  7.   (investigación) Es necesario _____ el concepto.
  8.   (ruido) Los mayas lamentaban _____ la muerte.

D.   Elegir la palabra más apropiada de la lista para completar las oraciones.

  contraste   mezcla   fantasma
  acostumbrado   diaria   enterrar
  disminuir   alma   obsesión
  elegido

  1.   Los aztecas se creían el pueblo _____ del sol.
  2.   La cultura hispanoamericana es una _____ de la cultura indígena y la española.
  3.   El concepto de la muerte presenta un punto de _____ cultural.
  4.   El niño del mundo hispánico está _____ a la muerte.
  5.   La llorona es un _____ conocido.
  6.   La muerte está presente como parte de la vida _____ .
  7.   La preocupación con los restos mortales se vuelve a veces una _____ .

IV. Ejercicios de composición dirigida

A.   Completar las frases.

  1.   La tendencia a esconder la muerte de los niños . . .
  2.   Los incas del Perú tenían un concepto de la muerte . . .
  3.   Durante la Edad Media la muerte no era cosa de temer porque . . .
  4.   Los aztecas creían que los guerreros muertos en la batalla iban . . .
  5.   Huitzilopochtli tenía que luchar contra . . .

B. (De aquí en adelante se presentarán en esta sección algunos temas de composición que requerirán su opinión o actitud personal. Las palabras entre paréntesis deberán ser suplementadas por otras donde sea conveniente.) Describir su actitud personal hacia:

1. la presencia cotidiana de la muerte
    (dar miedo, natural, escondido, gustar, creer, evitar, vida)
2. los entierros
    (costoso, lujoso, sencillo, asistir, preferir, deber, gastar, niño)
3. sus propios restos mortales
    (entierro, cementerio, querer, cerca de, no importa, es mejor, preocuparse)
4. el tipo de muerte más atractivo
    (ninguno, heroico, violento, pacífico, rápido, lento, joven, viejo)

7

Aspectos económicos de Hispanoamérica

VOCABULARIO ÚTIL

Estudiar estas palabras antes de leer el ensayo.

actual   current
aumentar   to increase
comercio   trade
competir   to compete
crecer   to grow (in size)
cultivo   crop, growing
desempleo   unemployment
empleo   employment, job
estimular   to stimulate, encourage
extranjero, -a   foreign, foreigner; **el extranjero** abroad, outside the country
fabricar   to manufacture, make

intercambio   interchange, trade
interno, -a   internal
lento, -a   slow
mejorar   to improve
negocio   business
pobre   poor
pobreza   poverty
producir   to produce
propietario, -a   property-owner
renta   income
rico, -a   rich
riqueza   richness, riches
teoría   theory

Una de las mayores preocupaciones políticas y sociales de los gobiernos de Hispanoamérica ha sido el desarrollo económico. Aunque sus suelos son ricos en materia prima, mucha gente vive en   materia prima *raw*
5 la pobreza, lo que hace difícil cualquier tentativa   *materials*
de mejorar su nivel de vida. Este problema tiene sus raíces en la historia de cada región.

I. Los antecedentes históricos

Uno de los motivos básicos de los viajes de
10 Cristóbal Colón fue el económico. El interés en
el comercio hizo que se buscara una nueva ruta   ruta *route*
a las tierras del Oriente. Al darse cuenta del descubrimiento de un «nuevo mundo» los Reyes

Católicos, Fernando e Isabel,[1] lo llamaron «las Indias».[2]

Lo primero que atrajo la atención de los agentes de los monarcas fue la gran riqueza mi-   riqueza *riches*
5 neral que representaban el oro, la plata y las piedras preciosas que usaban los indígenas. Casi inmediatamente se comenzó a desarrollar una gran industria minera. En la ciudad de Potosí, en lo que hoy es Bolivia, se descubrió en 1545 una
10 verdadera montaña de oro y plata. Todavía hoy en español se dice de algo de gran valor que «vale un potosí». En un siglo llegó a ser la ciudad más grande del hemisferio, con más de 150.000 habitantes y un teatro donde la entrada costaba   entrada *admission*
15 unos cincuenta dólares.

En la agricultura, los reyes de España estimularon el cultivo de varios productos no conocidos en Europa, como la caña de azúcar, el tabaco,   caña *cane*
el cáñamo y el lino. También hicieron llevar a   cáñamo *hemp*
20 América semillas de casi todas las plantas que   lino *flax*
existían en España.   semillas *seeds*

La presencia de los indios proveyó a los co-   proveyó . . .obra
lonos de mano de obra en cantidad suficiente.   *provided the colonists*
Los indios tenían una tradición ya establecida de   *with manual labor*
25 entregar gran parte de sus productos a sus jefes,
así que fue fácil para ellos sustituir un amo por   amo *master*
otro.

A pesar de todo esto, el desarrollo se vio obs-   obstaculizado *hindered*
taculizado por tres teorías económicas domi-
30 nantes en esa época. Primero, el monarca español consideraba a las colonias como posesión personal y prohibía el comercio con otros países. Segundo, se pensaba que el camino a la riqueza nacional consistía en acumular lo producido en
35 vez de venderlo. Esta idea tenía valor cuando se   hizo que *it caused*
trataba del oro, pero hizo que se olvidara la pro-   comestibles *(m) food*
ducción de comestibles y de productos fabrica-   fabricados *manufactured*

---

[1] los Reyes Católicos, Fernando e Isabel *The marriage of Fernando of Aragon and Isabel of Castile in 1469 unified Spain as a single nation. Fernando and Isabel were king and queen of Spain in 1492 when America was discovered and were responsible for the creation of colonial policy.*

[2] las Indias *The official name of the new world colonies. It was given because they were originally thought to be the East Indies, for which Columbus was searching.*

dos. Y tercero, la práctica de dar grandes parcelas
de tierra a los que servían bien al monarca re-
sultaba en una concentración de tierras en manos
de personas que ni deseaban ni necesitaban tra-
5 bajarlas. El sistema de la encomienda[3] exigía que
los indios trabajaran para el encomendero, e in-
vitaba a éste a vivir cómodamente de sus rentas.

    Cuando ganaron la independencia de España
en el primer cuarto del siglo XIX, casi todos los
10 países nuevos dependían de los minerales o de
un cultivo o un producto único. Por eso, la verdadera independencia económica tardó mucho
y aún no existe en muchos países. Las economías
estaban basadas en el sistema colonial de expor-
15 tar un producto e importar todo lo demás. Otros
países más avanzados de Europa, Inglaterra, por
ejemplo, reemplazaron a España en la dominación económica.

    Al desaparecer el gran aparato administrativo
20 español, los nuevos gobiernos necesitaban ur-
gentemente dinero y mercados para sus productos. La tierra había quedado principalmente
en manos de los criollos,[4] descendientes de los
antiguos colonizadores. Fue necesario que los
25 gobiernos entraran en acuerdos monopolísticos
con los países europeos para estimular el desarrollo del producto que necesitaban exportar.
Como casi todo lo que exportaban servía para
pagar la importación de artículos fabricados es-
30 pecialmente para los ricos, no hubo nunca mucho
intercambio económico con los otros países vecinos. El resultado fue que cada país tenía dos
economías: una internacional, en la que partici-
paban los ricos, y otra interna, de intercambio de
35 mercancías, que se basaba en las necesidades
más elementales. A los propietarios ricos, que

exigía *demanded*
encomendero *holder of a land grant*
rentas *income*
ganaron *they gained*
cuarto *quarter*

tardó *was delayed*

lo demás *the rest*

reemplazaron *replaced*

antiguos *former*
acuerdos *agreements*

fabricados *manufactured*

mercancías *merchandise*

---

[3] encomienda *The feudal system of granting land and its inhabitants to a loyal and faithful colonist. The latter received a tax from the natives who lived on and tilled the land and in return was obligated to protect and defend his serfs. Although the people were not technically slaves, the result was practically the same.*

[4] criollos *Creoles: in colonial Spanish America, people of pure European descent born and raised in the colonies.*

dependían del extranjero, no les interesaba el
desarrollo interno del país, y no lo facilitaban con
la construcción de caminos y sistemas bancarios.
Además, como los ricos controlaban la economía,
5 los gobiernos reformistas no tenían suficientes
recursos para poder hacer mejoras.

bancarios *banking*

recursos *resources*

II. Soluciones modernas

Sólo a fines del siglo XIX comienza a tener importancia para varios gobiernos de Hispa-
10 noamérica la idea del desarrollo económico. Los
que estudiaban el problema encontraron tres
elementos que hasta cierto punto siguen siendo
lema de los partidos reformistas de hoy día. El
primero y más importante era el de estimular la
15 industrialización interna para reducir la importación de todos los productos fabricados: maquinaria, automóviles, aparatos domésticos, etc. Esto
a su vez permitiría que se usara parte de los recursos para otras cosas además de la exportación.
20 La dificultad era que se necesitaba invertir grandes
capitales sólo disponibles en el extranjero, y esto
significaba un proceso muy lento.

Otro paso deseable era el desarrollo de una
agricultura variada que pudiera proveer al país
25 de alimentos sin tener que importarlos. Esto sólo
se puede hacer por medio de una «reforma
agraria»,[5] es decir, por la redistribución de las
tierras concentradas en manos de pocas familias.
Se pensó que si se les daba pequeños pedazos
30 de tierra a muchas personas, ésta sería utilizada
más eficazmente. Desgraciadamente, han existido
siempre dos obstáculos para esto: los pequeños
propietarios no tienen ni los recursos ni los conocimientos técnicos necesarios para producir
35 más de lo que consumen ellos mismos. Aún

lema *(m) slogan*

maquinaria *machinery*
aparatos *appliances*

además de *in addition to*
invertir *to invest*
disponibles *available*

paso *step*

---

[5] reforma agraria *The general term used to mean some kind of redistribution of land into smaller parcels owned by a larger number of people.*

cuando logran producir más, les faltan los medios de transportación a los mercados urbanos. Entonces, los pequeños propietarios se ven obligados a vender su tierra al que tenga lo necesario para cultivarla.

logran *they manage*

El tercer elemento era el de establecer una mejor posición frente a las naciones avanzadas, especialmente frente a los Estados Unidos. La idea era de conseguir una unión económica de los países hispanoamericanos, semejante a la que habían formado las naciones europeas. La tradición de competencia por los mismos mercados, sin embargo, hace difícil este paso. Además, en muchos países, el capital extranjero tiene interés en impedir que se desarrolle el mercado, ya que esto disminuiría su dominio. En 1960 fue formada la Asociación Latinoamericana de Libre Comercio,[6] una tentativa hacia la integración económica, a la cual pertenecen muchas naciones.

conseguir *achieve*
semejante *similar*

competencia *competition*

disminuiría *would diminish*

tentativa *attempt*

III. La situación actual

En vista de esta tradición de dificultades, es obvio que el progreso será lento. Hoy día la población hispanoamericana crece a un promedio de 2.7% por año. Aún los países más industrializados no pueden proporcionar empleo para tal cantidad de gente. Las grandes ciudades experimentan un aumento anual mucho mayor a causa de la migración constante del campo a la ciudad. Como resultado, es posible que el desempleo de las ciudades llegue al 20%.

En vista *in view*

promedio *average*

proporcionar *to provide*
experimentan *experience*

Junto con los problemas demográficos, el de la energía se ha agravado en Hispanoamérica como en el resto del mundo. Se ven casos de una tasa de inflación que llega a más del 100% por año.

agravado *worsened*

tasa *rate*

---

[6] Asociación Latinoamericana de Libre Comercio (ALALC)   *Latin American Free Trade Association (LAFTA); a loosely-structured common market to which most of the nations of Latin America belong. Regional trade still accounts for less than 20% of the total in Latin America, however.*

   Algunos países, claro, se han beneficiado por
esta situación. Venezuela y Ecuador, como miem-
bros de la OPEP[7] realizan un aumento de ingre-   ingresos   *income*
sos cada vez que esta organización sube el precio
5 del petróleo. México ha descubierto reservas pe-
trolíferas estimadas en 40 mil millones[8] de ba-
rriles. Su plan principal es el de mantener bajo
el precio de la energía para que sus industrias
internas puedan competir mejor en el mercado
10 mundial.
   El Brasil, que tiene que importar mucho petróleo, ha iniciado un proyecto inmenso dedicado
a la sustitución de la gasolina por el alcohol en
los automóviles. La gran cantidad de caña de
15 azúcar que produce sirve de material para la

[7] OPEP (OPEC in English) Organización de Países Exportadores de Petróleo.   *Venezuela, which
has exported oil for some 30 years — mostly to the U.S. — is where the organization was founded.*

[8] 40 mil millones   *Forty billion in U.S. terms. Billón in Spanish means a million millions or what
we call a trillion.*

producción del alcohol. Irónicamente el único cultivo creado por los monopolios del siglo XIX se ha convertido en un producto de tremenda importancia económica un siglo después.

5   Otra medida que ha tomado Hispanoamérica es la de insistir en que las grandes compañías multinacionales fabriquen sus productos dentro del país donde se venden. Así que hoy día se fabrican automóviles de las marcas internacio-
10 nales (Volkswagen, Ford, Mercedes Benz, etc.) en varios países. Las ganancias quedan en manos extranjeras pero al menos proveen empleo y actividad económica dentro de cada país. Este sistema, que comenzó con automóviles, ahora se
15 extiende a otros productos y por consecuencia, disminuye la cantidad de productos importados.

Un hecho reciente de interés es que España ha vuelto a establecer relaciones económicas con Hispanoamérica y busca agresivamente intercam-
20 bios comerciales, aprovechando su cultura, lengua e historia comunes. España quiere ingresar en la Comunidad Económica Europea[9] y ésta quiere aumentar sus lazos comerciales con Hispanoamérica. Si España logra establecer tales re-
25 laciones primero, tendrá una posición fuerte ante la CEE.

Con todo este progreso, la mayoría de los países distan mucho de eliminar la pobreza, la cual constituye uno de los mayores problemas
30 actuales. Esta situación contribuye a la inestabilidad política y social y ha resistido los esfuerzos de los gobiernos mejor intencionados.

medida   *measure*

ganancias   *profits*

aprovechando   *taking advantage of*

lazos   *ties*
logra   *manages*

distan   *are far from*

esfuerzos   *efforts*

IV. La cultura de la pobreza

La pobreza en Hispanoamérica tiene una larga
35 tradición, tan larga que, según la opinión de muchos observadores, adquiere aspectos de una

adquiere   *acquires*

---

[9] Comunidad Económica Europea   *The European Common Market is made up of most of the industrialized countries of Western Europe.*

cultura o subcultura. Este estilo de vida o cultura
pasa de generación en generación y sirve de
mecanismo de sobrevivencia en un mundo hostil.   sobrevivencia *survival*
El antropólogo Oscar Lewis[10] ha sugerido que
5 esta cultura no varía mucho de un país a otro;
las medidas adoptadas por la gente en situaciones
similares muestran una cierta universalidad, y la
pobreza en cualquier nación moderna presenta
las mismas dificultades humanas.
10   El profesor Lewis describe varias características
de la pobreza en la capital de México que pueden
ser observadas fácilmente en cualquier otro país
hispanoamericano. La tercera parte de la po-   tercera parte *one third*
blación es pobre; esta gente tiene una mortalidad   mortalidad *death rate*

---

[10] Oscar Lewis   a North American anthropologist who has studied poverty in Mexico extensively.
    His books: Five Families and The Children of Sánchez are major contributions to the understanding
    of the culture of poverty.

más alta y un promedio vital más bajo que los otros dos tercios. Contiene por lo tanto una mayor proporción de jóvenes.

Por su falta de instrucción los pobres tienden
5 a existir al margen de la sociedad en que viven. No son miembros de los sindicatos de trabajadores ni de los partidos políticos. Tampoco hacen uso de los elementos considerados como índices del progreso: los bancos, los hospitales, las tien-
10 das grandes, los aeropuertos o los museos.

El sector pobre de la población tiene varias características económicas. Una es la escasez de empleo. Por eso hay un gran porcentaje de niños que trabajan para ayudar a la familia. Los que
15 pertenecen a esta cultura no saben ahorrar dinero y tienden a vivir al día o aún de comida en comida, comprando lo necesario varias veces al día. Viven en el presente. Su actitud hacia el futuro es fatalista, y tienen poco interés en planear su
20 vida.

Socialmente, hay una tendencia a recurrir a la violencia para resolver los conflictos—entre vecinos, entre esposos, entre padres e hijos. La madre ejerce la mayor influencia en las familias,
25 de las cuales una alta proporción no tiene padre. El alcoholismo es común porque la bebida hace más tolerable las condiciones de vida.

Existe además bastante desconfianza hacia las instituciones políticas y sociales como la policía,
30 las agencias del gobierno y aún la iglesia. Hay una actitud cínica hacia las medidas para mejorar las condiciones de vida que son aprobadas por la sociedad establecida. Al mismo tiempo, hay una creciente conciencia entre los pobres de su
35 situación económica, y de la gran diferencia entre ellos y las clases media y alta. Esta creciente conciencia ha hecho que los partidos tradicionales tengan que pensar al menos en alguna solución. El hecho que los pobres han sido el blanco prin-
40 cipal de movimientos revolucionarios que utilizan las tácticas guerrilleras es una preocupación constante de casi todos los gobiernos actuales de Hispanoamérica.

promedio vital *life expectancy*
por lo tanto *therefore*

sindicatos de trabajadores *labor unions*

escasez *(f) scarcity*

pertenecen *belong*
ahorrar *to save*
al día *day by day*

planear *to plan*

recurrir *to resort*

desconfianza *mistrust*

aprobadas *approved*

creciente *growing*

blanco *target*

guerrilleras *guerrilla*

EJERCICIOS

I. Preguntas

1. ¿Cuál es uno de los problemas más importantes en Hispanoamérica?   2. ¿Cuál fue uno de los motivos básicos de los viajes de Colón?   3. ¿Qué elemento atrajo la atención de los agentes reales?   4. ¿Qué significa la expresión «vale un potosí»?   5. ¿Qué papel tenían los indios?   6. ¿Por qué prohibió el rey de España el comercio entre las colonias y otros países?   7. ¿Qué era la encomienda?   8. ¿Cuándo ganaron la independencia las naciones hispanoamericanas?   9. ¿Cuáles son las dos economías de los países hispanoamericanos?   10. ¿Por qué era importante la industrialización?   11. ¿Qué significa la «reforma agraria»?   12. ¿Por qué aumenta tanto la población de las grandes ciudades?   13. ¿Cómo piensa México ayudar a la industria nacional con su nuevo petróleo?   14. ¿Cuál es la actitud reciente de España hacia los países hispanoamericanos? ¿Por qué?   15. ¿Qué es la «cultura de la pobreza»?   16. ¿Qué relación tiene esta cultura con las instituciones sociales?   17. ¿Por qué no ahorran dinero los pobres, en general?   18. ¿Por qué hay mucho alcoholismo entre ellos?   19. ¿Por qué tienen ahora más conciencia de su condición?   20. ¿De qué movimientos han sido los pobres el blanco principal?

II. Puntos de contraste cultural

1. ¿Cuáles son algunas de las diferencias entre la organización económica de las colonias hispanoamericanas y las inglesas?
2. El siglo XIX es una época de gran progreso en los Estados Unidos. ¿Existe el mismo progreso en Hispanoamérica?
3. ¿Por qué no ha sido muy importante la idea de la reforma agraria en los Estados Unidos?
4. ¿Por qué han tenido más éxito los guerrilleros en Hispanoamérica que en los Estados Unidos?

III. Ejercicios de vocabulario

A. Encontrar en el texto diez pares de palabras que deriven de la misma palabra básica.

MODELO: economía / económico

B.   Escribir la forma apropiada de la palabra en paréntesis.

MODELO: (economía) el desarrollo *económico*

1.   (pobre)   la cultura de la _____
2.   (reforma)   un gobierno _____
3.   (producir)   aumentar la _____ de alimentos
4.   (colonia)   el gobierno _____
5.   (favor)   un elemento que _____ al progreso
6.   (exportar)   estimular la _____ de minerales
7.   (construir)   la _____ de caminos
8.   (industria)   fomentar la _____ del país
9.   (universo)   la pobreza muestra cierta _____
10. (crecer)   una _____ conciencia de sus
                    condiciones

C.   Completar según los modelos.

1.   tradición   **tradicional**
     a.   condición _____
     b.   _____ proporcional
2.   exportación   **exportar**
     a.   importación _____
     b.   _____ concentrar
3.   rico   **riqueza**
     a.   pobre _____
     b.   _____ grandeza
4.   importar   **importador**
     a.   exportar _____
     b.   _____ vendedor
5.   mina   **minero**
     a.   azúcar _____
     b.   _____ ganadero

IV. Ejercicios de composición dirigida

A.   Completar las frases.

1.   Los españoles se dedicaron desde el principio al desarrollo de
     . . .
2.   La práctica de dar grandes parcelas de tierra resultó en . . .
3.   Los nuevos gobiernos, al desaparecer el gran aparato administrativo español . . .
4.   Esto sólo se puede hacer por medio de una reforma agraria que es . . .
5.   La cultura de la pobreza significa . . .

B.   Dar su opinión personal, utilizando las palabras apropiadas de
     la lista.

  1. la idea de la pobreza como una "subcultura"
      (desempleo, gobierno, educación, violencia, alcoholismo,
      abandono, desconfianza, conciencia)
  2. la pobreza en los Estados Unidos
      (ciudad, campo, empleo, población, crecer, jóvenes, familia,
      programa, trabajar, público)
  3. soluciones a los problemas económicos de los Estados Unidos
      (petróleo, inflación, importar, exportar, transporte, automóviles,
      gobierno, gastar)
  4. el salario mínimo
      (joven, empleo, edad, difícil, fácil, trabajo, inflación, explota-
      ción, pobreza, nivel)

Los movimientos revolucionarios del siglo XX

8

VOCABULARIO ÚTIL

Estudiar estas palabras antes de leer el ensayo.

algo   something, somewhat
apoyo   support
autocrático, -a   autocratic, dictatorial
dictadura   dictatorship
efectuar   to effect, cause to occur
ejercer   to exercise
ejército   army
eliminar   to eliminate
encabezar   to head, lead
exigir   to demand
éxito   success; **tener, éxito** *to succeed*
expropiar   to expropriate, nationalize

favorecer   to favor
fracasar   to fail; **fracaso** *failure*
fuerza   force
huelga   strike; **en huelga** *on strike*
ideología   ideology, political belief
modificar   to modify, change
pertenecer   to belong
poder *(m)* power; **poderoso, -a** *powerful*
rebelde *(m or f)* rebel
reforzar   to reinforce
sacrificar   to sacrifice
secuestro   kidnapping

En gran parte del mundo hispánico existen las condiciones necesarias para producir movimientos revolucionarios. La gran pobreza, los gobiernos autocráticos, la poca movilidad económica
5 y otras condiciones favorecen la creación de grupos de guerrilleros urbanos y rurales. Aunque la idea de «las revoluciones latinoamericanas» ha llegado a ser lugar común, para poder entender la frase, es necesario examinar más de cerca al-
10 gunos fenómenos políticos.

lugar común   *(m) cliché*

I. Revolución y «golpe de estado»

golpe de estado   *coup d'état, palace revolt*

Durante nuestro siglo, en casi todos los países hispanoamericanos se han efectuado más cambios de gobierno por la fuerza que por vía de-
15 mocrática. Estos cambios, sin embargo, raramente tienen las características de revoluciones verdaderas, sino que son simples golpes de estado. Éstos se pueden definir como cambios que sólo sustituyen un elemento por otro sin que se

por vía   *by way of*

modifiquen los verdaderos poderes so-
cioeconómicos. Algunos observadores sugieren
que el golpe de estado en algunos países ha
asumido la misma función que tienen las elec-
5 ciones parlamentarias en el sistema europeo. Es
decir que cuando un presidente pierde el apoyo
del congreso, sus rivales organizan un golpe en
vez de fijar elecciones. El procedimiento tiene una
serie de reglas tradicionales y generalmente se
10 lleva a cabo con gran eficacia.[1] Claro que se elimina el elemento popular porque el cambio es
de una fuerza militar a otra, de un grupo económico
poderoso a otro grupo semejante o de un partido
autocrático a otro de tendencias iguales. Lo esen-
15 cial es que las verdaderas bases del poder no
cambian, sino sólo los individuos que lo ejercen.

Las verdaderas revoluciones implican cambios
mucho más profundos en la distribución del
poder. Ocurren de una clase social a otra, de los
20 propietarios a los empleados, o de los oficiales
a los soldados rasos del mismo ejército. Según
la mayoría de los observadores de la política hispanoamericana, ha habido sólo tres revoluciones
en el siglo XX: la de México de 1910, la boliviana
25 de 1952 y la cubana de 1959. Esto significa que
en los tres casos se efectuó una modificación radical en la organización de los elementos del
poder. Han existido otros movimientos que casi
alcanzaron niveles de revolución, como la elec-
30 ción y caída de Allende en Chile[2] y el movimiento
peronista en la Argentina,[3] pero la gran mayoría
de los cambios han sido más bien golpes de
estado.[4]

sugieren *suggest*

misma *same*

fijar *set a time for*

soldados rasos *common
soldiers*

radical *basic*

---

[1] *It has been said that some coups are settled by a phone call between two generals who compare
forces and declare a winner. Although some are violent, many involve little or no actual shooting.*

[2] Allende *Allende came to power in 1970 by the electoral process but with a somewhat revolutionary platform which was beginning to change the actual power base until he was overthrown
by the military in 1973.*

[3] movimiento peronista en la Argentina *Juan Perón became president twice, in 1952 and in 1974,
with a very specialized power base.*

[4] *Some other recent movements such as those in Nicaragua and El Salvador in 1979, may also
bring true revolutionary change. As is frequently the case, considerable time is required for the
various competing factions to sort themselves out.*

II. La revolución mexicana de 1910

Después de un largo período de dictadura, varios
hombres del norte de México se levantaron en
violenta revolución en el año 1910. La guerra
5 duró varios años y terminó con una nueva constitución nacional en 1917. Como ocurre en muchos movimientos violentos, la ideología se creó
después de la guerra. Pancho Villa y Emiliano
Zapata,[5] que luchaban al frente de ejércitos des-
10 organizados y populares, se convirtieron en héroes
nacionales. Los soldados respondían al carisma
de los líderes sin saber mucho de ideologías ni
de teorías políticas. También sentían deseos de
vengarse de la opresión que habían sufrido bajo

se levantaron   *rose up*

carisma   *(m) magnetism*

---

[5] Pancho Villa y Emiliano Zapata   *The two most popular revolutionary leaders of the Mexican
Revolution of 1910. Neither was really an ideological leader, and both were eventually excluded
from the new government. Both men, however, retain an almost mystical image to the present
day.*

la dictadura de Porfirio Díaz.[6] Sin embargo, la lucha produjo una ideología que favoreció a las clases bajas a expensas de los ricos del régimen anterior.

régimen *(m)* regime

5 La constitucíon de 1917, que todavía rige en México, incluyó varios artículos dedicados a la justicia social, especialmente para los trabajadores urbanos. Permitió por primera vez los sindicatos, y éstos vinieron a ocupar un puesto de poder en 10 la vida nacional. Además, se promulgaron leyes para disminuir el poder de dos grupos importantes del régimen anterior: la iglesia y las compañías e individuos extranjeros.

rige *rules*

promulgaron *passed*

En el primer caso, se estableció un sistema de 15 enseñanza pública para todo el pueblo. La educación había estado en manos de la Iglesia desde los principios de la colonia. En el segundo caso, se declaró que el suelo mexicano, incluso los minerales del subsuelo, pertenecía al pueblo. 20 Esto daba al gobierno el derecho de prohibir la explotación de petróleo por elementos extranjeros. Bajo el Presidente Lázaro Cárdenas (1934–1940) todo el petróleo fue expropiado; ahora quedaba en manos del gobierno. En vista 25 de los descubrimientos recientes, este hecho ha asumido ahora muchísima importancia económica.

suelo *ground, soil*
incluso *including*

petróleo *oil*

Muchos critican la revolución por haber sido un movimiento que sólo favoreció a la clase media, porque aunque liberó los bienes del país de 30 manos extranjeras, también abrió el camino a los capitalistas nacionales. En otras palabras, no benefició al pueblo. Entre las únicas verdaderas mejoras figuran el aumento del alfabetismo y la construcción de un mayor número de hospitales 35 y otras obras públicas. El mayor fracaso de la revolución lo constituyó la ineficaz ayuda al campesino. Los esfuerzos hacia la reforma agraria no dieron resultados satisfactorios, y el campesino no ha experimentado las grandes mejoras que se

liberó *liberated*
bienes *(m) goods, resources*

alfabetismo *literacy*

esfuerzos *efforts*

experimentado *experienced*

---

[6] Porfirio Díaz *President of Mexico from 1872 to 1911. His oppressive regime and his reluctance to relinquish the office formed the basic political motivation for the revolution.*

ven en las ciudades. No obstante, la revolución
mexicana sí llegó al pueblo y lo hizo consciente
de su propia identidad.

no obstante *nevertheless*
sí llegó *did indeed reach*

III. La revolución boliviana de 1952

5 En 1952 Bolivia experimentó cambios radicales
cuando el Movimiento Nacional Revolucionario
se apoderó del gobierno. Durante la década del
30, Bolivia había luchado contra el Paraguay en
la Guerra del Chaco. Aunque ganaron los pa-
10 raguayos, la guerra tuvo efectos trágicos en los
dos países. Los grandes depósitos petrolíferos del
Chaco, que habían sido la causa de la guerra, les
interesaban más en realidad a las compañías extranjeras que a los bolivianos.[7] Todo esto llevó
15 a una rebelión violenta en 1952 sobre dos bases
principales: la reforma agraria y la expropiación
de las minas de estaño, el producto básico de la
economía boliviana.

La reforma agraria tuvo la suerte de muchos
20 movimientos semejantes: los campesinos, viéndose
de repente dueños de las tierras, no supieron
aprovecharlas por falta de experiencia y de capital. El resultado de esta situación fue que la producción de comestibles bajó, lo cual elevó los
25 gastos del gobierno y dificultó la inversión de
dinero para ayudar a los campesinos. Esto, junto
con la necesidad urgente de dinero, llevó a la
expropiación de las minas de estaño, que per-
tenecían a unas pocas familias ricas. Pero también
30 las minas requerían tecnología[8] y trabajadores
baratos. Los mineros habían luchado del lado del
MNR y no estaban dispuestos a sacrificarse por
los campesinos. Además, el mercado mundial del
estaño disminuyó con el descubrimiento de otros
35 metales más útiles, lo que hizo aún más difícil el

se apoderó de *took over*

petrolíferos *of oil*

estaño *tin*

suerte *(f) fortune*
viéndose *finding
themselves*

aprovecharlas *to take
advantage of them*

comestibles *(m) food*
inversión *investment*

baratos *cheap*
dispuestos *ready*

[7] compañías extranjeras *The Chaco War (1932–1935) between Paraguay and Bolivia was pro-
moted by Standard Oil in Bolivia and Royal Dutch Shell in Paraguay. Each company wanted the
oil in the Chaco area and had the concession from their respective governments.*

[8] tecnología *As frequently happens, much of the technical personnel consists of foreign-born or
trained people who tend to leave when the companies are nationalized.*

proceso revolucionario. Hasta ahora, la revolución en Bolivia no ha tenido mucho éxito: los
mineros están constantemente en huelga y los
campesinos producen sólo lo necesario para su
5 propio consumo.

    Una verdadera revolución necesita un espíritu
de sacrificio personal de parte del pueblo. La
gente favorecida por el movimiento no puede
exigir beneficios inmediatamente después del
10 cambio de gobierno. La verdad es que, después
de una revolución, muchas veces hay una supresión de los derechos democráticos y de las
exigencias del pueblo. Esto es lo que ocurrió en
Cuba en 1959.

15 ## IV. La revolución cubana de 1959

De todas las revoluciones hispanoamericanas de
este siglo, la que despertó más atención en los
Estados Unidos ha sido la revolución cubana del
26 de julio[9] encabezada por Fidel Castro con la
20 ayuda de Ernesto Che Guevara. Hubo una diferencia importante entre la experiencia cubana
y la boliviana: en Cuba el movimiento ya estaba
en la conciencia del pueblo antes de llegar al
poder. Cuando Castro entró victorioso en La
25 Habana, el primero de enero de 1959, todos
sabían lo que se proponía. Además, la personalidad de Fidel y ciertas acciones suyas contribuyeron a atraerle el apoyo popular. La barba,
la gorra militar, el rechazo del lujo asociado con
30 su puesto, lo identificaron—sinceramente o no—
con el pueblo. El «Che» Guevara le ayudó a reforzar esta identificación y la llevó aún más lejos
cuando fue a Bolivia a participar en la lucha gue-
rrillera que estalló allí cuando la revolución no
35 dio resultado. Al morir heroicamente en 1967 en
esa lucha, el «Che» aumentó aún más la imagen
algo sobrenatural o mística que tenían los líderes
del 26 de julio.

consumo *consumption*

exigir *to demand*

conciencia *consciousness*

se proponía *was planned*

barba *beard*
gorra *cap*
rechazo *rejection*

estalló *broke out*

---

[9] **26 de julio** *This is the date, in 1953, of the first attack by the rebels and so became the name of the movement.*

El problema básico de Cuba ha sido su producto principal: el azúcar. Antes de la revolución
gran parte de la industria azucarera—tanto el cultivo de la caña como la maquinaria para refi-
5 narla—estaba en manos de compañías norteamericanas. El azúcar se vendía a los Estados
Unidos a precio elevado por acto del congreso
norteamericano. Cuando el gobierno cubano ex-
propió esta industria, el mercado se agotó y des-   se agotó   *dried up*
10 apareció el apoyo al precio. Entonces, Castro
buscó mercado en la Unión Soviética, lo cual
causó una reacción poco favorable de parte del
gobierno norteamericano. A pesar de esto, la revolución cubana ha podido mantenerse en el
15 poder frente a muchos de los mismos problemas
que han tenido otros movimientos revolucionarios. La falta de tecnología indígena, el problema
de la maquinaria y la disminución del mercado
exterior por razones políticas han dificultado el
20 proceso. Últimamente se ha visto una mejora
notable en las relaciones entre Cuba y su vecino
del norte. Quizás sea demasiado temprano para
predecir el fracaso o éxito del movimiento, pero   predecir   *to predict*
es imposible negar su vitalidad después de más   negar   *to deny*
25 de veinte años y varias fracasadas tentativas de
derrotarlo.   derrotarlo   *to defeat it*

V. Los guerrilleros

Uno de los héroes del movimiento del 26 de julio
en Cuba fue Ernesto «Che» Guevara (1928–1967),
30 prototipo del guerrillero de la izquierda violenta.
Los rebeldes cubanos pasaron varios años en la
sierra sirviendo como símbolo de la oposición a
la dictadura de Fulgencio Batista, el presidente
cubano. «Che» Guevara sirvió en esa época como
35 maestro espiritual y material en los métodos de
la guerra de guerrillas. La base de esta guerra,
tan común en la época contemporánea, es el
ejército popular, secreto y móvil, que cuenta con   cuenta con   *depends on*
el apoyo del pueblo para obtener provisiones.

Guevara, en su manual sobre la organización de
los guerrilleros (libro que forma parte de la lectura
básica sobre el asunto), dice acerca de las posibilidades de éxito: «Donde un gobierno haya su-
5   bido al poder por alguna forma de consulta popular, fraudulenta o no, y se mantenga al menos
una apariencia de legalidad constitucional, el
brote guerrillero es imposible de producir por no
haberse agotado las posibilidades de la lucha
10 cívica.» Es decir que la guerrilla no puede funcionar sin el apoyo del pueblo ni puede funcionar
contra un gobierno que mantenga la apariencia
de libertad.

consulta *consent*

brote *(m) outbreak*
haberse agotado *having
exhausted*

Guevara creyó que las guerrillas debían limitarse al campo por ser éste el elemento más favorable a sus actividades. Fuera de la experiencia cubana, sin embargo, los guerrilleros rurales no
5 han tenido mucho éxito. Otro hombre, Carlos Marighela, del Brasil,[10] estableció las bases de la guerrilla urbana, la cual ha atraído la atención de todo el mundo a través de secuestros y de las grandes cantidades de dinero que ha recibido de
10 rescate. Sus blancos preferidos son los jefes de las grandes empresas norteamericanas en los países hispanoamericanos.

    Marighela abandonó el Partido Comunista tradicional y formuló la táctica del guerrillero urbano
15 en un manual semejante al de Guevara. Su manual pone énfasis en la situación de la ciudad. Incluye todos los aspectos desde la preparación del guerrillero y sus actividades, hasta los principales defectos o «siete pecados mortales» del
20 soldado: la falta de experiencia, la tendencia a jactarse, la falta de paciencia, etc. Marighela recomienda el apoyo popular y explica cómo conseguirlo, con acciones populares que estimulen la represión policíaca cada vez más severa.

25   Varios factores culturales se combinan para crear simpatía popular hacia los guerrilleros: el culto del machismo, la atracción del tipo « Robin Hood» y una tradición de cinismo hacia cualquier autoridad. La tendencia romántica que favorece
30 a los tipos solitarios, individualistas—al Don Juan o al Don Quijote—abre suficientemente el corazón popular como para admitir también a los guerrilleros. El caso típico es el de un tal Lucio Cabañas de México. Comenzó como un simple bandido, pero después de unos años de evadir a la
35 policía, se convirtió en un héroe popular con fama de revolucionario, imagen que él mismo cultivó dado que le garantizaba más seguridad.

rescate *(m) ransom*
blancos *targets*

pecados *sins*

jactarse *to boast*

estimulen *stimulate*
cade vez más *more and more*

evadir *to evade*
fama *reputation*

dado que *provided that*

---

[10] Carlos Marighela *a leading Brazilian communist until 1967 when he resigned to become a guerrilla leader. Orthodox communist parties tend to interpret conditions along Leninist lines (Latin America is not yet ready for revolution according to this view), and the guerrilla movement reflects a rejection of this idea. The alliance of the guerrilla leaders is more often with the Chinese communists.*

Es muy importante la propaganda en la lucha para lograr el apoyo popular. Por eso los guerrilleros siempre se clasifican como «ejército popular» o «frente de liberación» mientras que el
5 gobierno los clasifica de «terroristas.»

frente front

Existen estos grupos en muchos países hispanoamericanos: la Argentina, Guatemala, los Tupamaros del Uruguay, etc. También hay guerrilleros urbanos en varios países europeos como
10 Irlanda, Italia y España.

El caso de España muestra la dificultad que presentan tales grupos. La región vasca del norte de España tiene una larga historia de sentimiento separatista. Los vascos tienen una cultura algo
15 distinta y su lengua es de origen desconocido.[11] Han luchado contra el dominio del gobierno de Madrid por muchos años, pero últimamente esta lucha ha resultado en una trágica violencia de tipo guerrillero. Los vascos rebeldes exigen la se-
20 paración completa del país vasco para crear una nación independiente. La nueva constitución española, adoptada en 1979, hace posible cierto grado de autonomía para las regiones españolas,[12] pero esto no parece satisfacerles. Sus métodos
25 incluyen ataques de sorpresa contra la policía nacional en la región, bombas que estallan en lugares públicos, secuestros de personas ilustres y poderosas y otros actos de violencia. Su influencia en los sindicatos es tan grande, que los
30 empresarios se ven obligados a pagar un «impuesto revolucionario» a los rebeldes para evitar que llamen a una huelga. Así los rebeldes ganan dinero para sus otras actividades. El gobierno ha hecho esfuerzos para poner fin a la violencia pero
35 los vascos se refugian en el sur de Francia donde hay otra región vasca. Esto ha creado mucha tensión entre los dos países. Las actividades parecen

vasca Basque

grado degree

estallan explode
ilustres famous

sindicatos unions

se refugian take refuge

---

[11] Origen desconocido *Basque, unlike the other regional languages of Spain, is not a romance language. The region is called "Euzkadi" in Basque.*

[12] Las regiones españolas *Spain has fourteen traditional regions: Galicia, Asturias, León, Navarra, Cataluña, Aragón, Castilla la Vieja, Castilla la Nueva, Extremadura, Andalucía, Murcia, Valencia, Canarias (islands in the Atlantic), and Baleares (islands in the Mediterranean of which Mallorca is the largest). The regions have not had official status for some time, but the 1979 constitution allows those wishing it to acquire some autonomy similar to that enjoyed by the states in the U.S.*

destinadas en gran parte a provocar medidas re-
presivas por parte del gobierno, lo cual aumen-
taría la oposición del pueblo vasco hacia el gobierno central. Es obvio que esta situación presenta
5 un dilema muy difícil para el gobierno español.

Es imposible saber el efecto a largo plazo de   a largo plazo *long term*
este nuevo guerrillerismo urbano. Tiene éxito en
algunos de sus propósitos—hace incómoda la   incómoda *uncomfortable*
vida de los ricos y de los políticos y crea una
10 atmósfera tensa que no favorece al gobierno en
el poder. De hecho, algunos gobiernos han ce-   De hecho *in fact*
dido a la presión y han formado grupos «anti-   cedido *given in*
terroristas» entrenados especialmente en los   entrenados *training*
métodos de los guerrilleros. Desgraciadamente,
15 estos grupos oficiales abusan de su posición.
Existen varios países en que esta policía especial
(frecuentemente secreta) practica sus propias
atrocidades en la población en general. Parece
depender del tipo de gobierno: el gobierno au-   tipo *type*
20 tocrático utiliza esta fuerza para su propio beneficio y esto conduce al abuso. Los gobiernos que
tienen verdadero apoyo popular pueden usar
métodos extraordinarios sin causar una reacción
negativa entre los ciudadanos. La solución casi
25 nunca es fácil, sin embargo.

EJERCICIOS

I. Preguntas

1. ¿Qué fenómeno político en Latinoamérica se ha convertido en
un lugar común?   2. ¿Qué es un golpe de estado?   3. ¿Qué aspecto del poder se cambia con el golpe?   4. ¿Cuántas revoluciones
verdaderas ha habido en el siglo XX en Hispanoamérica?
5. ¿Cuándo ocurrió la revolución mexicana?   6. ¿Quiénes fueron

Pancho Villa y Emiliano Zapata? 7. ¿Qué cambio en la educación fue producido por la revolución mexicana? 8. ¿Quiénes participaron en la Guerra del Chaco? 9. ¿Cómo reaccionaron los campesinos bolivianos cuando recibieron tierras? 10. ¿Qué hombres famosos se asocian con la revolución cubana? 11. ¿Cómo se llama el movimiento? 12. ¿Cuál es el producto más importante de Cuba? 13. ¿Cuál fue el papel del «Che» Guevara en la revolución cubana? 14. ¿Recuerda usted algunos secuestros famosos? 15. ¿Cuáles son los puntos de vista de Guevara y Marighela sobre los guerrilleros? 16. ¿Han actuado los guerrilleros en los Estados Unidos? 17. ¿Qué exigen los guerrilleros vascos? 18. ¿Cómo consiguen dinero los guerrilleros vascos? 19. ¿Cuál es la posible desventaja de la policía «antiterrorista»? 20. ¿Cuál cree usted que es la solución al terrorismo político?

II. Puntos de contraste cultural

1. ¿Cuáles son las diferencias en el papel de la religión en la educacíon entre los Estados Unidos e Hispanoamérica?
2. ¿Por qué no ha habido necesidad de una reforma agraria en los Estados Unidos?
3. ¿Cuál es la atracción de la figura de Robin Hood? ¿Existe esta imagen en las dos culturas?
4. Últimamente han existido grupos de guerrilleros en los centros urbanos de los Estados Unidos, pero nunca en el medio rural. ¿Por qué es distinta la situación en Hispanoamérica y los Estados Unidos?

III. Ejercicios de vocabulario

A. Indicar la palabra que corresponde a la definición.

1.	un sistema de pensamiento político	a.	partido
2.	un grupo basado en afinidad de ideologías	b.	secuestros
3.	un partido de rebeldes secretos	c.	ideología
4.	táctica de los guerrilleros	d.	guerra
5.	lo que exigen para devolver a un secuestrado	e.	dictadura
6.	los soldados como grupo	f.	represión
7.	una actividad del ejército	g.	guerrilleros
8.	opuesto a la guerra	h.	paz
9.	método de un gobierno tiránico	i.	ejército
10.	un gobierno que usa represión	j.	rescate

B. Completar con la forma apropiada de la palabra entre paréntesis.

1. (economía)   las condiciones _____
2. (violencia)   una rebelión _____
3. (espíritu)   el héroe _____
4. (constitución) poderes _____
5. (revolución)   las tácticas _____

C. Completar según los modelos.

1. preparar **preparación**

   a. indicar   _____
   b. _____   identificación
   c. educar   _____
   d. _____   declaración
   e. organizar   _____
   f. _____   expropiación
   g. participar   _____

2. producir **producción**

   a. construir   _____
   b. _____   prohibición
   c. constituir   _____
   d. _____   definición
   e. distribuir   _____
   f. _____   disminución

D. Indicar los sinónimos.

1. cambios   a. nación
2. diferencia   b. líder
3. jefe   c. rebeldes
4. guerrilleros   d. modificaciones
5. suficiente   e. disminución
6. obrero   f. distinción
7. baja   g. bastante
8. país   h. trabajador

IV. Ejercicios de composición dirigida

A.   Completar las frases.

1.   El golpe de estado se puede definir como . . .
2.   Pancho Villa se convirtió en . . .
3.   La reforma agraria en Bolivia no tuvo mucho éxito porque
. . .
4.   Una diferencia importante en la revolución cubana era . . .
5.   Los guerrilleros crean simpatía popular debido a . . .

B.   Dar su opinión personal, utilizando las palabras apropiadas de la lista.

1.   las razones por la violencia en la política
(opresión, frustración, desconfianza, proceso electoral, fraudulento, tortura, libertad)
2.   la reacción oficial apropiada frente a los secuestros políticos
(rescate, asilo político, desalentar, preso, tener éxito, fracasar, animar, cooperación)
3.   la violencia política en los Estados Unidos
(asesinar, presidente, seguridad, policía, candidato, carisma, televisión, campaña electoral)
4.   la violencia urbana y la inseguridad personal en los Estados Unidos
(autoridad, respeto, familia, móvil, ataque, escuela, pobreza, miedo, robo, violación sexual)

9

La educación en el mundo hispánico

VOCABULARIO ÚTIL

Estudiar estas palabras antes de leer el ensayo.

abogado, -a   lawyer
contratar   to contract
convenir a   to be convenient
dictar   to teach, lecture
diferir (ie)   to differ, be
  different
educativo, -a   educational
elección   choice
elegir   to choose
escolar   pertaining to school
especializarse   to major,
  specialize
estudiantil   pertaining to
  students
explícito, -a   explicit

gratis *(m or f)*   free
implícito, -a   implicit
investigación   research
instrucción   instruction,
  teaching
maestro, -a   teacher
manifestación   demonstration
matricularse   register
nota   grade
primario, -a   primary
privado, -a   private
secundario, -a   secondary,
  high school
superior   higher
título   degree (education)

La organización y los métodos de enseñanza reflejan los valores, los ideales y la situación socio-
económica de un pueblo. Además de aumentar
los conocimientos tecnológicos, el sistema de en-
5 señanza se dedica a transmitir la cultura de una
generación a otra.

Esto se hace explícitamente en las clases de
historia, de gobierno o de religión; pero el sistema
de enseñanza también tiene una influencia implícita
10 sobre la sociedad a través de los métodos usados
en la enseñanza, los cursos ofrecidos, o la selección de alumnos.

I. Historia de la enseñanza hispánica

Durante la primera época árabe (siglos VIII a XIII)
15 España fue el centro de la enseñanza superior en
Europa. La tradición griega, traída por los moros,
se extendió por todo el continente desde Córdoba.   se extendió *spread*

La conocida tolerancia de los moros hacia las ideas heterodoxas les colocó al frente de los impulsos renovadores de la época. Sobre esta tradición fueron establecidas las primeras universi-
5 dades españolas: las de Salamanca, Palencia y Sevilla en el siglo XIII. Estas universidades, como también sus contemporáneas de Oxford, Bolonia (Italia) y París, tenían una estructura bastante floja—consistían en un grupo de profesores pri-
10 vados que se ponían de acuerdo para dar sus clases en un sitio común. Su categoría oficial venía de una carta real y de una autorización del Papa. En la Universidad de París el profesorado tenía el poder mientras que en la de Bolonia el
15 poder estaba en manos de los estudiantes. Las universidades españolas, y las hispanoamericanas, siguieron el modelo italiano. Las universidades del resto de Europa y de los Estados Unidos prefirieron el modelo francés. Esto, en
20 parte, explica algunas diferencias básicas en las actitudes de los estudiantes aún hoy día. El concepto principal de Bolonia era que un grupo de estudiantes contrataba a un profesor para que éste les dictara una clase de filosofía, por ejemplo.
25 En París, los profesores les ofrecían a los estudiantes que pagaran la matrícula las clases que les convinieran a aquéllos. Esta distinción todavía se mantiene hasta cierto punto, pero con la diferencia de que en la mayoría de los casos es el
30 gobierno o un grupo religioso el que paga a los profesores.

Durante el Renacimiento (siglos XV a XVII) aumentó el impulso educativo y en esta época se fundaron en España la Universidad de Alcalá
35 de Henares—hoy de Madrid—y la mayoría de las americanas: Santo Domingo en 1538; México y Lima en 1551; Bogotá en 1563; Córdoba, en la Argentina, en 1613; Quito en 1622; Sucre, Bolivia, en 1624; Guatemala en 1676, etc. Casi
40 todas estas instituciones fueron fundadas por órdenes religiosas, principalmente por los domínicos y los jesuítas.

heterodoxas *heretical*
les . . . frente *situated them in the forefront*
impulsos renovadores *impulses toward change*

floja *loose*

categoría *status*
carta real *royal decree*
Papa *(m) Pope*
profesorado *faculty*

les . . . clase *would teach them a class*

matrícula *tuition*
aquéllos *the former*

Estas universidades tenían cuatro facultades:[1] teología, leyes, artes y medicina. La primera, dedicada a la formación de sacerdotes, era la más importante hasta el siglo XIX, cuando la
5 facultad de derecho o de jurisprudencia comenzó a prevalecer. La facultad de medicina también creció en importancia en este siglo. Las facultades de artes (hoy llamadas más frecuentemente de Filosofía y Letras) tenían dos funciones tradi-
10 cionales: 1) preparación para las otras facultades y 2) preparación de maestros de enseñanza secundaria.

derecho *law*
prevalecer *to prevail*

No es hasta la segunda mitad del siglo XIX que las universidades asumen su segundo papel: el
15 de ser centros de investigación científica apoyados por el gobierno. También comienza a aumentar el número de facultades: las de ingeniería, de comercio, de farmacia, etc.

mitad *half*

ingeniería *engineering*

Durante toda esta época la enseñanza primaria
20 y secundaria era una actividad exclusivamente religiosa o privada. La actitud era que este aspecto de la vida era una responsabilidad personal. La entrada a la universidad se obtenía mediante un examen abierto. El joven se preparaba por
25 medio de una escuela secundaria o de maestros privados, o por sus propios estudios y lecturas. La meta final era el examen de ingreso a la universidad. Hasta el siglo XIX no existía el concepto de la educación como bien nacional. Las ideas
30 económicas del siglo XIX comenzaron a dar valor monetario a un pueblo educado. Además, los ideales democráticos dieron doble impulso al desarrollo de sistemas públicos de enseñanza: 1) la igualdad de oportunidad exigía escuelas pagadas
35 por el gobierno; 2) para poder ejercer sus nuevas obligaciones cívicas, el pueblo necesitaba alcanzar cierto nivel de conocimientos.

mediante *by means of*

meta *goal*
ingreso *entrance*

bien *good*

exigía *demanded*

alcanzar *to reach*

---

[1] facultades *The word* facultad *means "faculty" only in the specialized sense of the professors of a "school" or "college." The more usual translation for the* Facultad de Medicina *would be the School of Medicine. Faculty in its most common sense in English is* profesorado (professoriate) *or* cuerpo docente (teaching corps).

En el siglo XX aparece la idea de asistencia obligatoria, aunque por lo general ésta era más un ideal que una realidad. La falta de recursos impedía que la enseñanza llegara a los niños ru-
5 rales. Hoy día la asistencia es obligatoria hasta los 12 o 14 años en la mayoría de los países hispanos, pero la instrucción también es gratis.

Otra idea que ha ganado apoyo en los últimos años es la educación vocacional—la agricultura,
10 la mecánica y el comercio se enseñan cada vez más. Estas materias, sin embargo, se enseñan solamente en escuelas especiales que admiten alumnos que ya hayan terminado la escuela primaria. Las demás escuelas todavía ofrecen las
15 mismas materias de antes y preparan a los alumnos para la universidad y para las profesiones tradicionales.

asistencia *attendance*

impedía *prevented*

cada vez más *more and more*

II. «Educación» y «enseñanza»

Para entender algo del concepto de la enseñanza
20 en el mundo hispánico y de cómo difiere del de los Estados Unidos es necesario aclarar algunas cuestiones de terminología. La palabra «educación» tradicionalmente se refiere al proceso total de formar un adulto de un niño. Incluye, pero no
25 se limita a la instrucción recibida en la escuela. El niño también recibe su educación de su familia, de la iglesia y de sus experiencias. El proceso académico es la «enseñanza». La palabra deriva de «enseñar», la tarea del maestro. Sólo reciente-
30 mente se encuentra la palabra «educación» usada en el sentido del proceso escolar.

Los niveles de la instrucción académica son la enseñanza pre-escolar, la enseñanza primaria o elemental, la enseñanza media o secundaria y la
35 enseñanza superior o universitaria. Como se verá, estos niveles no son exactamente iguales a sus equivalentes del sistema norteamericano.

Varios otros términos pueden confundir al observador norteamericano. La palabra «curso» sig-
40 nifica toda una carrera escolar: por ejemplo, «el

aclarar *to clarify*

tarea *task*

curso *degree program*

curso de medicina». «Materia» es una serie de
clases dedicadas a un asunto. El curso, entonces,
consiste de varias materias que por lo general
están prescritas sin que el estudiante tenga nin-
5 guna elección. El concepto de «requisitos» apenas
existe puesto que casi todas las materias dentro
del curso son requisitos. Hay casos en que el
alumno puede elegir entre secciones: por ejemplo, el curso de lenguas modernas ofrece elección
10 entre varias lenguas, pero en cualquier caso se
estudia la misma serie de materias—gramática,
cultura, literatura, etc.

materia *course*

prescritas *prescribed,*
required
requisitos *requirements*

El «bachillerato» es más o menos equivalente al diploma secundario en los Estados Unidos y no al título universitario. Éste, por ser más especializado, no tiene nombre genérico sino que
5 se le llama por el título profesional: profesor para los graduados de la Facultad de Filosofía y Letras, médico para los de Medicina, ingeniero para los de Ingeniería, abogado o licenciado para los de Leyes (derecho)[2], etc. Las «facultades» equivalen
10 más o menos a las «escuelas» profesionales de las universidades norteamericanas con la diferencia de que se hacen responsables de la enseñanza total del alumno. Esto quiere decir que hay profesores de inglés o de castellano en la Facultad de
15 Medicina y otros en la Facultad de Ingeniería. Esto muestra dos contrastes muy importantes con el sistema norteamericano: la especialización que, en algunos países, comienza temprano, y la falta de posibilidad de elección de las materias por el
20 alumno. Es posible, por lo general, tomar clases en otras facultades pero no cuentan para el título.

genérico   *general*

III. La organización de la enseñanza hispánica

Aunque sería imposible describir en detalle todos
25 los sistemas de enseñanza de los países hispánicos, se puede dar una idea general de éstos.

Hay jardines de infantes que aceptan alumnos desde los dos o tres años hasta los seis. Esta etapa no es obligatoria y relativamente pocos niños
30 asisten.

jardines de infantes   *(m)*
  kindergartens
etapa   *level, stage*

La enseñanza primaria abarca desde los seis años hasta los 12. En la mayoría de los países hispánicos es obligatoria y gratuita. Termina con un certificado de sexto grado.

abarca   *covers*

gratuita   *free*

sexto   *sixth*

---

[2] leyes (derecho)   *These two terms are used interchangeably to refer to law. Licenciatura, properly a law degree, has come to be used in some areas to refer to what is the equivalent of a master's degree in the United States.*

La próxima etapa es la de los «colegios» o «liceos».[3] La enseñanza media o secundaria en Hispanoamérica generalmente se divide en dos ciclos que suman cinco o seis años en total. Por
5 lo general el primer ciclo, o ciclo básico, termina en el bachillerato elemental o general y el segundo en el bachillerato. Este segundo ciclo representa una preparación más especializada para una carrera profesional y sólo los alumnos que
10 piensan entrar en la universidad siguen hasta ese punto. Muchas veces se hace distinción entre el bachillerato de humanidades o de ciencias.

En España la división es distinta: hay cuatro años de enseñanza primaria y cuatro más de en-
15 señanza media que son obligatorios y que terminan en el bachillerato elemental. Con dos años más se gana el bachillerato general superior y luego hay un año de enseñanza pre-universitaria en ciencias o en humanidades.
20 En muchos sistemas existen escuelas separadas especializadas para comercio, para maestros, y para las fuerzas militares. Estas escuelas comienzan por lo general después de la escuela primaria, o sea a los 13 o 14 años. Esto requiere una de-
25 cisión relativamente temprana sobre el destino del alumno. También es interesante notar que los maestros de las escuelas primarias se especializan desde los 12 o 14 años en las escuelas normales y a los 17 o 18 años pueden comenzar a ejercer
30 su profesión. Sólo los maestros o profesores de enseñanza secundaria tienen que prepararse en la universidad o en institutos normales más avanzados que la escuela secundaria.

Las materias de la escuela primaria son las
35 mismas que en los Estados Unidos: idioma, matemáticas elementales, estudios sociales (historia y geografía, nacional y mundial), ciencias naturales, ciudadanía, higiene y estética (arte y música).

colegios *high schools*
liceos *high schools*

ejercer *to practice*

normales *teacher-training*

idioma *language*

ciudadanía *civics*

---

[3] «colegios» o «liceos» *The European system of names is used both in Spain and Spanish America. Many universities have their own colegios to prepare students for entrance. The «bachillerato» is difficult to compare to the U.S. system. In most Hispanic countries, it represents approximately the equivalent of two years of college.*

Hay generalmente también cursos de desarrollo moral y social que tienen el propósito de transmitir valores personales a los niños.

propósito *purpose*

El día escolar en la escuela primaria es ge-
5 neralmente más corto que en los Estados Unidos: dura cinco horas en vez de seis. Sin embargo, la enseñanza tiende a ser más concentrada durante este tiempo. Algunas materias como el desarrollo físico o la práctica de la música y del arte no se
10 incluyen en el curriculum general.

en vez de *instead of*

Para pasar de un año a otro el alumno tiene que aprobar los exámenes finales, generalmente orales. Si no aprueba tiene que volver a cursar la materia suspendida el año siguiente. El alumno
15 tiene la responsabilidad de su propio progreso. En la escuela primaria por lo general es necesario aprobar todas las materias, pero en la secundaria son consideradas por separado.

aprobar *to pass (a course)*
cursar *to take (a course)*
suspendida *failed*

por separado *separately*

En la mayoría de los países hispánicos las es-
20 cuelas primarias y muchas veces las secundarias mantienen la separación entre los sexos. Se mezclan sólo en aquellos lugares en donde no es factible tener dos escuelas separadas.

factible *practical*

La enseñanza media o secundaria generalmente inicia la especialización del alumno. Después de recibir el certificado de la escuela primaria, los jóvenes eligen entre varios campos de
5 estudio: las humanidades, para los que piensen cursar la carrera de maestro o profesor en la universidad; las ciencias para la ingeniería o la medicina; la escuela vocacional, etc. Por lo general tienen que aprobar un examen de ingreso
10 o de selección antes de ser aceptados en la escuela elegida. A veces el alumno tiene que pasar una época preparándose para este examen por medio de clases privadas o de lecturas individuales.

Al matricularse en la escuela secundaria en
15 cuentra un curriculum especializado. Este curriculum admite muy poca elección de parte del alumno y se dedica a prepararlo ya sea para la práctica del oficio o para el examen de ingreso a la universidad u otra escuela superior.

oficio occupation

20 Existe en los países hispánicos un número relativamente grande de escuelas secundarias militares que dan el título de bachiller y también un nombramiento a la categoría de oficial en las fuerzas armadas. Esto casi nunca se hace en el nivel
25 universitario como en los Estados Unidos.

En muchos países hispanos los exámenes finales se dan por materia en las escuelas secundarias y el alumno recibe una nota final entre 0 y 10. Generalmente el 6 es la nota mínima de
30 aprobación. Si recibe menos de 6 en cualquier materia, tiene que repetirla, pero puede seguir al próximo nivel en las materias aprobadas. Un 10 se califica de «sobresaliente» y un 9 de «notable» en muchos casos. La práctica de dar exámenes
35 parciales durante el año es todavía infrecuente— se juega todo en la nota recibida en el examen final. Este examen casi siempre tiene al menos una parte oral, en que el alumno se presenta ante un tribunal de profesores que le hacen preguntas
40 sobre la materia en cuestión. Por lo general el alumno tiene muy poca idea del nivel de sus conocimientos antes de ese momento. No es necesario decir que la época de los exámenes, que

sobresaliente excellent
notable very good
exámenes parciales (m)
* mid-term exams*
se juega todo everything
* rides on*

tribunal (m) panel

dura dos o tres semanas debido al tiempo requerido para los exámenes orales, inspira cierto miedo en el alumno.

En casi todos los países hispánicos el sistema
5 escolar se organiza a nivel nacional. Hay, por lo general, un ministerio de educación que, con sus consejeros profesionales, determina la forma que tendrá el sistema en todos los niveles. La gran mayoría de las escuelas son oficiales y las que no
10 lo son—las escuelas privadas y las religiosas— tienen que seguir el mismo curriculum para que sus títulos sean válidos. Sólo las universidades tienen cierto grado de autonomía en los países   autonomía *autonomy* hispánicos. Esto procede de su larga tradición de
15 prestigio e importancia en la vida nacional y del poder político de los estudiantes.

IV. Las universidades en el mundo hispánico

Desde el establecimiento de la Universidad de
20 Salamanca en el siglo XIII hasta la actualidad, la universidad ha ocupado una posición de importancia en la sociedad hispánica. Por la organización especializada en facultades profesionales, el título universitario de doctor en medicina o licen-
25 ciado en derecho es muchas veces un símbolo de prestigio más que una preparación práctica. Así que se encuentran en todas las carreras personas que poseen un título profesional que no tiene mucha relación con su verdadera profesión.
30 Además de esto, las facultades se componen en gran parte y a veces casi exclusivamente de profesionales. Invitar a un médico de la comunidad a dar una clase en la facultad de medicina es uno de los honores más grandes que se le puede
35 hacer.

Esta costumbre tiene la ventaja de proveer ins-   ventaja *advantage* trucción práctica especializada y variada. La desventaja es que el médico o abogado que sólo se presenta en la universidad tres o cuatro veces a la semana para dictar sus clases tiene poca oportunidad para el contacto fuera de clase, que forma parte importante de la experiencia educativa.[4]

En las sociedades menos desarrolladas las
5 universidades son muy importantes en todos los campos—la tecnología, la medicina, las ciencias sociales y las artes. La universidad proporciona un lugar conveniente para construir laboratorios, institutos de investigación y teatros o salas de
10 conciertos.

proporciona *provides*

El resultado es que en las universidades se concentra el talento del país. Es costumbre asentar las universidades en las ciudades más importantes, especialmente en las capitales. De esta
15 manera, se crea una organización fácilmente controlada por el gobierno y se atrae hacia la ciudad a las personas más hábiles. Las provincias y las regiones rurales sufren a causa de esta pérdida de talento y la brecha entre la ciudad y el campo
20 crece.

asentar *to locate*

brecha *gap*

Los estudiantes universitarios repiten este proceso de concentración. En la mayoría de las universidades hispánicas la matrícula es casi gratis y por eso teóricamente accesible a todos. En la
25 práctica, sin embargo, los jóvenes pobres tienen que trabajar para ganarse la vida. Además, los exámenes de ingreso muchas veces requieren preparación especial que sólo puede ser alcanzada por medio de escuelas privadas relativa-
30 mente caras. Por estas razones sólo los ricos y los pobres más dedicados pueden llegar a estos centros de estudios. De esta manera la universidad puede servir de instrumento de la clase dominante para mantener el control exclusivo sobre
35 los centros de poder.

dedicados *dedicated*
de esta manera *in this way*

---

[4] *Most administrators feel that the widespread practice of part-time teaching is undesirable; salaries are kept low, teacher-student contact is minimal, rational curriculum planning is difficult, faculty communication is poor, etc. Typically, universities outside large cities have made more progress toward establishing a full-time faculty since they have fewer community resources to draw on. The same prestige factor which induces eminent physicians and attorneys to teach for very little pay makes eliminating the practice difficult. In the humanities it is not uncommon for a professor to have three or four different schools to go to each day.*

Se puede decir que los estudiantes universitarios componen una clase aparte. Tienen más contacto que el resto de la población con las actividades políticas de la nación y del mundo. Están
5 más conscientes de los problemas y de sus po-
sibles soluciones. Esta conciencia a veces se ha
manifestado en forma de actividades importantes
para la política nacional durante el siglo XX. En
algunas ocasiones el resultado ha sido la violen-
10 cia, como ocurrió durante las manifestaciones de   manifestaciones *(f)*
los estudiantes mexicanos en Tlatelolco en 1968.[5]   *demonstrations*
Han existido casos donde los estudiantes han
constituido una fuerza efectiva para derribar el   derribar *to topple*
gobierno. Por medio de manifestaciones públicas
15 o por el frecuente uso de la táctica de la huelga   huelga *strike*
han podido convertirse en una fuerza política.
Los estudiantes universitarios en Hispanoamérica participan activamente en el gobierno de
la universidad; por lo general mucho más que sus
20 colegas norteamericanos. La primera manifesta-

[5] Tlatelolco   *A historical plaza in Mexico City where a student demonstration was stopped by the*
military. A large number of students died—some people claimed as many as 500, although the
government vigorously denied it.

ción estudiantil del siglo XX fue el movimiento de
la reforma universitaria iniciado en la Universidad
de Córdoba, Argentina, en 1918. Rápidamente
se extendió por el continente y en muchos centros
5 se convirtió en un nuevo sistema de gobierno
universitario con mucho poder en manos de las
juntas estudiantiles. Resultó, claro, en campañas
políticas intensas entre los estudiantes en las elecciones de los representantes a las juntas. Ge-
10 neralmente los partidos nacionales participan en
estas actividades y el resultado es un reflejo en
miniatura de la política nacional. A veces los estudiantes se juntan a los sindicatos de obreros y
exigen una huelga que puede cerrar la universi-
15 dad por un año entero.

    Es importante recordar que el sistema de
exámenes finales donde el candidato se presenta
a fin de curso y el hecho de que la asistencia a
clases no es obligatoria deja al individuo el tiempo
20 necesario para la política. Aunque la mayoría de
los cursos son de cuatro o seis años, es bastante
común encontrar estudiantes que llevan el doble
de eso sencillamente porque no han querido presentarse a los exámenes. Como la matrícula es
25 casi gratis y los estudiantes son ricos o trabajan
para mantenerse, no tienen mucho motivo para
darse prisa.

    La mayoría de las universidades mantienen
cierta autonomía sobre sus asuntos internos
30 aunque, como en cualquier país, existen presiones sociales. Por lo general el sistema de universidades se encuentra bajo la jurisdicción del
gobierno nacional, y no de los estados o provincias. Aun cuando hay centros provinciales,
35 están obligados a seguir el curriculum de la universidad nacional si quieren que sus títulos sean
legalmente válidos. Esta práctica refuerza el control que ejerce el gobierno federal sobre el sistema
entero. Sólo las universidades privadas, que casi
40 siempre son religiosas, tienen algo de libertad en
el campo de la experimentación educativa. Esto
ha resultado en la creación y expansión de las
universidades católicas en el mundo hispánico en

juntas estudiantiles
student councils
campañas *campaigns*

sindicatos *unions*
obreros *workers*

presentarse a los
present themselves for

mantenerse *to support*
themselves

presiones *(f) pressures*

refuerza *reinforces*

la última década. Éstas han sido centros de innovación y modernización en muchos de los
países.[6]

El sistema de enseñanza se crea como reflejo
5 de los valores sociales del país, pero puede constituir una fuerza que actúa sobre esos mismos
valores para cambiarlos o para modificarlos.
Aunque la organización y la tradición del sistema
son básicamente conservadoras, el proceso de
10 educar a los jóvenes es revolucionario y crea las
condiciones propias para el cambio.

EJERCICIOS

I. Preguntas

1. ¿Por qué es importante conocer algo del sistema de enseñanza
de una cultura? 2. ¿Cuáles fueron las tres primeras universidades
de España? 3. ¿Cuál era la diferencia entre la organización de las
universidades de París y Bolonia? 4. ¿Cuál de los modelos
adoptó el mundo hispánico? 5. ¿Quiénes fundaron las primeras
universidades americanas? 6. ¿Cuándo comenzaron a ser importantes las facultades de derecho y medicina? 7. ¿Por qué estimularon las ideas democráticas el desarrollo de la enseñanza
pública? 8. ¿Qué ideas nuevas podemos atribuir al siglo XX?
9. ¿Cuál es la distinción entre «educación» y «enseñanza»?
10. ¿Qué significan «curso» y «materia» en el sistema hispánico? 11. ¿Por qué no hay nombre genérico para el título universitario? 12. ¿A qué nivel se encuentra el colegio? 13. ¿Qué
materias se enseñan en la escuela primaria? 14. ¿Cómo se
pasa de un año a otro? 15. ¿A qué nivel se encuentra la escuela
militar? 16. ¿A qué nivel de gobierno se dirige el sistema
educativo en los países hispánicos? 17. ¿Quiénes componen
el profesorado de las universidades? 18. ¿Cuál es la desventaja

---

[6] *Many administrative and curricular reforms are impossible in the traditional universities due to
several factors mentioned. The tenure system in which one professor is chosen in each subject for
a life term stifles change. The private universities can avoid some of these problems as can new
public institutions.*

de ese sistema?   19. ¿Por qué está situada la universidad nacional en la capital del país?   20. ¿Cuáles son los centros de modernización universitaria hoy día?

II. Puntos de contraste cultural

1. ¿Cuáles son algunas implicaciones de la diferencia de modelos universitarios entre el mundo hispánico y el mundo anglosajón?
2. ¿Qué diferencia implica el hecho de que se distingue entre educación y enseñanza en la cultura hispánica mientras que *education* abarca las dos cosas en inglés?
3. ¿Qué diferencias hay en el curriculum secundario de los dos sistemas?
4. ¿Qué diferencias hay entre el método de control oficial de los sistemas hispánicos y el sistema norteamericano? ¿Cuáles son algunas ventajas y deventajas de cada uno?

III. Ejercicios de vocabulario

A.   Indicar la palabra que corresponde a la definición.

1.	una sección profesional de la universidad	a.	bachillerato
2.	los profesores	b.	colegio
3.	curso de estudios secundarios	c.	aprobar
4.	el conjunto de materias que llevan al título	d.	profesorado
5.	la escuela secundaria	e.	educar
6.	lo que estudian los abogados	f.	facultad
7.	salir bien en el examen final	g.	autonomía
8.	grupo de profesores que juzgan el examen	h.	curso
9.	el control sobre sus propios asuntos	i.	derecho
10.	proceso de formar un adulto	j.	tribunal

B.   Dar la forma apropiada de la palabra entre paréntesis.

1. el día (escuela) _____
2. la asistencia (obligar) _____
3. la enseñanza (segundo) _____
4. un grupo (estudiante) _____
5. la investigación (ciencia) _____

C.   Indicar los sinónimos.

1.	colocar	a.	derecho
2.	leyes	b.	lugar
3.	crecer	c.	aumentar
4.	enseñanza	d.	asentar
5.	excelente	e.	por separado
6.	entrada	f.	ingreso
7.	aparte	g.	instrucción
8.	sitio	h.	sobresaliente

D.   Completar con la forma apropiada de la palabra entre paréntesis.

1.   (conocer)
   a.   Es el _____ profesor de español.
   b.   Se dedica a aumentar los _____ tecnológicos.
   c.   Yo lo _____ en la escuela secundaria.
2.   (autorizar)
   a.   Necesita la _____ del profesor.
   b.   Es un acto _____ ante la ley.
   c.   ¿Quién _____ este movimiento?
3.   (educar)
   a.   Hay necesidad de reforma _____ .
   b.   Los padres tienen la responsabilidad de _____ al niño.
   c.   Muestra su mala _____ .
4.   (obligar)
   a.   Cumple con sus _____ .
   b.   Es una clase _____ .
   c.   Se vio _____ a repetirla.

IV. Ejercicios de composición dirigida

A.   Completar las frases:

1.   Las primeras universidades consistían en . . .
2.   Los niveles de enseñanza son . . .
3.   La palabra *curso* significa . . .
4.   La escuela secundaria se dedica a . . .
5.   Aunque el sistema es conservador, el proceso de educar a los niños . . .

B. Dar su opinión personal, utilizando las palabras apropiadas de la lista.

1. la elección de la carrera a los 16 años
    (temprano, arrepentirse, decidirse, joven, maduro, equivo-carse, malgastar)
2. la educación vocacional y el estudio de filosofía y letras
    (útil, trabajo, dinero, moralidad, desarrollo, ampliar, mundo)
3. el poder estudiantil contra el poder del profesorado
    (equilibrio, contribución, joven, anciano, exámenes, notas, sistema, democrático)
4. el costo de la educación superior
    (público, privado, impuestos, matrícula, bien social, mejora personal, gratuito, gobierno)

10

La ciudad en el mundo hispánico

VOCABULARIO ÚTIL

Estudiar estas palabras antes de leer el ensayo.

almorzar   to eat lunch;
   almuerzo   lunch
antiguo, -a   old, antique
asociar   to associate
atracción   attraction
atraer   to attract
banco   bank, bench
barrio   neighborhood, area of a city
centro   center;
   el centro   downtown
campestre   rural
compra   purchase; **hacer compras**   to shop; **ir de compras**   to go shopping
charlar   to chat, converse
edificio   building
esquina   corner (outside)

fuera (de)   out, outside
fundar   to found, create
lazo   tie, connection
museo   museum
núcleo   nucleus, center
piso   floor, story (of a building)
población   population
provenir   to come from
recordar   to recall, remember;
   recuerdo   memory
reunirse   to meet, join with
rodear   to surround; **rodeado de**   surrounded by
sabor (m)   flavor, taste
soledad   solitude, loneliness
tesoro   treasure
vecino, -a   neighbor, resident of a "barrio"

Según los historiadores, las primeras ciudades de la región mediterránea nacieron de la alianza de varias tribus motivadas por necesidades económicas, sociales y religiosas. Las descrip-
5 ciones de la fundación de las grandes ciudades como Atenas y Roma siempre hacen hincapié en el aspecto religioso: se consultaba con los dioses para saber dónde se debía construir la ciudad. Lo primero que se hacía era consagrar el lugar
10 a un dios cívico, lo que creaba lazos permanentes para la gente, que así no podía abandonar la ciudad. El templo, las ceremonias, los sacerdotes, todo se relacionaba con el lugar. Para los pueblos antiguos la ciudad era el centro de su religión y
15 la razón principal de su existencia. Ésta es la tradición en que se formó la sociedad española.

Las grandes ciudades indígenas de América tenían orígenes semejantes. Tenochtitlán, el centro de la civilización azteca, fue establecido en el

hacen hincapié en emphasize

consagrar to consecrate

lugar indicado por un dios. Los aztecas eran una tribu del norte, que había vagado por el valle de México, llamado Anáhuac («cerca del agua») hasta que recibieron la visión maravillosa de un
5 águila, con una serpiente en la boca, posada sobre un nopal. Allí se pararon y construyeron su ciudad. El aspecto religioso debe haber sido muy importante para ellos, ya que tuvieron que construirla sobre un lago, poniendo las casas
10 sobre largas estacas.

vagado *wandered*

águila *eagle*
posada *perched*
nopal *(m) cactus*

estacas *stakes, sticks*

La ciudad ejerció siempre una gran atracción sobre el pueblo como el centro de lo bueno de la vida. Esta atracción aumentó durante el Renacimiento europeo[1] con el nuevo papel co-
15 mercial que asumieron las grandes ciudades mediterráneas.

I. Las ciudades en el mundo hispánico

Desde la dominación romana, la historia de España ha sido una historia de ciudades. El con-
20 cepto romano — y por lo tanto occidental—de civilización se ve en la raíz de la palabra misma: *civitas,* que se refería a las asociaciones religiosas y políticas que formaban las asambleas de familias y tribus. En otras palabras, la «civilización» es el
25 resultado de la ciudad. El espacio en el cual se juntaban las asambleas se llamaba *urbs,* de donde proviene la palabra urbano.

asambleas *assemblies*

se juntaban *gathered*

En la península, los romanos utilizaron los centros de población ya existentes y éstos vinieron
30 a ser los lugares más importantes. Allí se situaron primero las autoridades romanas y después el senado y los centros culturales y recreativos.

situaron *situated*

senado *senate*

Las invasiones germánicas no cambiaron mucho esta situación. Los visigodos se adaptaron a
35 la forma de vida romana, aunque tenían más

---

[1] Renacimiento europeo *The Renaissance (or rebirth of classical culture after the Middle Ages) during the 14th and 15th centuries also marked the rise of the city in Western Civilization. Cities were centers of culture and, because of the rise of the banking and export–import systems, they became commercial centers of great economic power.*

interés en la sociedad rural del feudalismo. La
única ciudad importante de la época visigoda era
Toledo, que fue la primera capital de la península.
Esta ciudad simboliza la gloria medieval de Es-
5 paña. Fue también el lugar elegido por El Greco[2]
cuando éste llegó a España en 1577. Todavía
existe su casa, que hoy es una atracción turística.

Cuando los moros invadieron España, ocuparon las ciudades que encontraron, pero esta-
10 blecieron su centro en la ciudad sureña de   sureña *southern*
Córdoba. Gran parte de esta culta y brillante ciu-   culta *cultured*
dad fue destruida durante la Reconquista por ser
símbolo del poder islámico. Sólo queda la mez-   mezquita *mosque*
quita principal como recuerdo de su pasado glo-
15 rioso. Un poco más al sur de Córdoba está la
ciudad de Granada, donde se encuentra la Alhambra, el magnífico palacio de los reyes moros.
Viajeros extranjeros, entre ellos Washington Irv-   viajeros *travellers*
ing, se han maravillado ante esta creación de for-   maravillado *marveled*
20 mas geométricas y abstractas comparable sólo al
Taj Mahal de la India.

La capital actual, Madrid, recién comenzó a
ocupar un lugar de importancia en la vida española en el siglo XVI. Fue Felipe II el que tras-
25 ladó la corte de Toledo a la comunidad de Majrit
en 1560, a fin de observar la construcción de su
propio monumento, El Escorial.[3] Felipe quería
situar la capital en el centro para afirmar la unidad
nacional, concepto bastante tenue en aquella   tenue *tenuous*
30 época. En poco tiempo Madrid se convirtió en
el núcleo de la vida nacional.

Hoy día Madrid es una ciudad de 4,1 millones
de habitantes que sintetiza la cultura moderna   sintetiza *synthesizes*
española. Desde la Plaza Mayor[4], que recuerda

---

[2] El Greco (1541–1614)   *One of Spain's greatest artists, El Greco was born in Crete but came to Spain as a youth.*

[3] El Escorial   *The Moorish name for Madrid was Majrit. Felipe II ordered the construction of El Escorial, a group of buildings containing a church, a monastery and a palace, because of a vow made to St. Lawrence (San Lorenzo) prior to an important victory over the French in 1557.*

[4] Plaza Mayor   *Virtually all Hispanic cities have a main plaza or open space surrounded by government buildings and usually the cathedral. It may be called the Plaza Mayor or it may bear the name of some national hero or in México it may be called the Zócalo. The Palacio Nacional is the equivalent of the White House in Washington, D.C. In Buenos Aires it is called the Casa Rosada or "Pink House" because of its traditional color.*

los primeros años de la ciudad, hasta el Palacio Nacional (antes Palacio Real), monumento del Siglo de las Luces, y la Plaza de España, rodeada de rascacielos modernos, se ve la historia de Es-
5 paña. En el Museo del Prado y en el Escorial, el monasterio y palacio que Felipe II hizo construir, se encuentra el tesoro artístico de España: obras no sólo de artistas españoles sino también de los holandeses e italianos de los siglos XVI y XVII
10 cuyos países formaban parte del Imperio español.

    Otra ciudad española que floreció en el siglo XVI fue Sevilla. Ésta simboliza la España romántica de Carmen, de Don Juan, de los gitanos. La imagen española más conocida en el resto del
15 mundo, y que generalmente se reproduce en los afiches de viajes corresponde a la región de Andalucía en el sur y a su capital, Sevilla. Esta ciudad, que perteneció al reino árabe desde 712 hasta 1248, experimentó su verdadero floreci-
20 miento en el siglo XVI, época en que fue el principal puerto fluvial de España. Después del descubrimiento de América, Sevilla se convirtió en el centro de las grandes casas comerciales que financiaban las nuevas expediciones. Atrajo a
25 gente de toda Europa y su nombre se llegó a asociar con lo exótico, lo romántico y lo misterioso, o sea, los mismos atractivos que tenían el Nuevo Mundo y la aventura del mar para todos los españoles.
30   Sevilla ha mantenido esa personalidad hasta hoy. La Triana, sección gitana, el espectáculo de la Semana Santa[5], la famosa feria[6], traen el recuerdo del pasado romántico. Velázquez y Murillo

Siglo de las Luces *Age of Enlightenment (Eighteenth Century)*
rascacielos *(m) skyscrapers*

tesoro *treasure*

holandeses *Dutch*

floreció *flourished*

gitanos *gypsies*

afiches *(m) posters*

puerto fluvial *river port*

atrajo *it attracted*

---

[5] la Semana Santa *Holy Week is traditionally one of the more elaborate spectacles in Spain, with religious processions and ceremonies. In Sevilla the passion and fervor of this period are considered to be unequaled anywhere in the world.*

[6] famosa feria *Just as Holy Week is observed with religious fervor, the feria or fair of Sevilla which follows it is characterized by a similar, though secular, intensity. Ten square blocks of colorful private booths, a large carnaval and numerous restaurants are constructed and serve as the scene of ten days of constant partying. By day the grounds are filled with men and women on horseback or in horse-drawn carriages, dressed in typical costumes. The origin of the feria was a stock show, but it has become the major festival of the year for the Sevillanos.*

nacieron en Sevilla y la catedral del siglo XV, el
mayor edificio gótico del mundo, contiene mu-   gótico *Gothic*
chos de los tesoros traídos del Nuevo Mundo.

    Otra ciudad importante de España es Barce-
5 lona, puerto comercial mediterráneo. A diferencia
de Sevilla, Barcelona ha sido siempre el punto
de contacto entre Europa y España. Es considerada hoy día la ciudad más europea de la
península. Debido a que tuvo menos influencia
10 árabe—sólo un siglo—mantiene aún sus lazos
romanos y góticos, pero Barcelona es en realidad
producto del siglo XIX y de la revolución indus-
trial. Balenciaga, uno de los creadores de la moda
femenina, nació allí.

15   Barcelona se encuentra en la provincia de Cataluña. Esta provincia simboliza la independencia

e individualismo del carácter español. A pesar de los esfuerzos del gobierno nacional por imponer el idioma español, el catalán, que es una lengua distinta, todavía domina en las calles de Barce-
5 lona. Los conocidos pintores Picasso, Miró, Gris y Dalí se consideraban catalanes antes que españoles.

Barcelona se enorgullece de su modernidad, mientras que Sevilla pone énfasis en su pasado
10 romántico y Madrid en sus tradiciones reales e imperiales. Son tres ciudades que muestran claramente la diversidad de la España de hoy.

Con la importancia de la ciudad, tanto en la península ibérica como en las culturas indígenas,
15 era natural que durante la colonización se pusiera mucho énfasis en los centros urbanos del Nuevo Mundo. México y Lima eran las ciudades principales de las colonias, pero Buenos Aires no tardó en hacerse de suma importancia comercial.
20 La Habana, Caracas, Bogotá y Santiago de Chile asumieron su verdadera importancia en el siglo XIX pero México, Lima y Buenos Aires contienen el pasado colonial.

Como se ha visto, México fue construida sobre
25 la ciudad imperial azteca de Tenochtitlán. En un acto simbólico los españoles construyeron su capital encima de la de los aztecas, esperando reemplazar a éstos como pueblo dominador de Anáhuac. El templo de forma circular que se des-
30 cubrió al excavar la ruta del tren subterráneo, en la década del sesenta. Se encuentra conservado en medio de una parada del metro—lo nuevo y lo antiguo de la ciudad de México.

Por ser el centro original de la colonia de la
35 Nueva España, México siempre ha sido la principal ciudad del país. Demuestran esta permanencia los edificios identificados con cada época de su historia: hay una serie de casas de hidalgos coloniales en la calle Pino Suárez que conduce
40 a la Plaza Mayor, llamada también el Zócalo, donde se encuentra la catedral principal. Al norte se encuentra La Plaza de las Tres Culturas—Tlatelolco—que incluye una plaza azteca, una iglesia

a pesar de *in spite of*

se enorgullece de *takes pride in*

suma *extreme*

encima *on top of*

excavar *to excavate*
tren subterráneo (m)
  subway
del sesenta *of the sixties*
parada *stop*
metro *subway*

católica y muchos edificios modernos de viviendas públicas.

    Yendo hacia el oeste desde el Zócalo se ve la
parte más moderna de la ciudad, casas del siglo
5 XIX y construcciones modernas. Uno de los
edificios más altos es la Torre Latinoamericana.
Lo notable no es su altura—tiene apenas 43 pisos—sino el hecho de que contiene un sistema
hidráulico que mantiene la presión del agua en
10 que flota el edificio, para que no se hunda.[7] Con
este fondo de lodo mojado el edificio también
sobrevivió los temblores de 1957.

    Más al oeste se encuentra un recuerdo de la
época del Emperador Maximiliano,[8] el Paseo de
15 la Reforma, una calle ancha con grandes árboles
al estilo europeo. El paseo conduce al Parque de
Chapultepec, donde muchos mexicanos van a
pasear los domingos. En este parque está el
magnífico Museo Nacional de Antropología, con-
20 struido en el siglo XX para honrar y recordar el
pasado indígena.

    Al sur de la ciudad se encuentra la Ciudad
Universitaria, un conjunto de edificios modernos
que abarca tres millas cuadradas. Dedicada en
25 1952, ostenta pinturas murales dentro de la famosa tradición de Rivera, Orozco y Siquieros, lo
cual crea una vista impresionante para los casi
200.000 estudiantes y sus 26.000 profesores y
representa la visión hacia el futuro de esta ciudad
30 antigua.

    La capital del Perú moderno, Lima, también
muestra el pasado lejano pero con una importante diferencia: los incas establecían sus centros
urbanos en las montañas y los españoles pre-
35 ferían la costa. Por eso en 1535 abandonaron

viviendas	*housing*
yendo	*going*
altura	*height*
apenas	*only*
presión	*pressure*
se hunda	*sink*
lodo	*mud*
mojado	*wet*
temblores (m)	*earthquakes*

---

[7] para que no se hunda.   *The water-filled subsoil of Mexico City has allowed many buildings to sink—up to fifteen feet in some cases.*

[8] el Emperador Maximiliano   *Maximilian of Austria was emperor of Mexico for a short time in the 1860s as a result of a French move to acquire a colony with the help of some misguided Mexican conservatives who were disenchanted with the liberalism of the government. Maximilian naively thought the people supported him until he died in front of a firing squad. His beautiful wife, Carlota, who had urged him to assume the position, went insane. The story is one of the great romantic tragedies of world history.*

Cuzco, en los Andes, que había sido la primera capital. Lima, entonces, no fue construida sobre las ruinas de una ciudad indígena. Lima fue llamada la Ciudad de Los Reyes por el conquistador
5 Pizarro. Su nombre actual deriva de *Rimac,* nombre quechua del río cercano.

quechua *language of the Incas*
cercano *nearby*

Lo que distingue a Lima hoy es su sabor colonial. La Plaza de Armas, la más importante de la ciudad, está rodeada de antiguos edificios e
10 iglesias, y la Plaza de la Inquisición recuerda que Lima fue el centro de esa institución en la colonia.[9] La iglesia de Santo Domingo, construida en 1549, contiene los restos de Santa Rosa de Lima, la primera religiosa canonizada del Nuevo
15 Mundo. Esta mujer, Isabel de Flores y de Oliva, pasó la vida ayudando a los pobres y es considerada la creadora del servicio social en el Perú.

creadora *creator*

Para encontrarse con el mundo indígena hay que salir de la ciudad misma e ir hasta el mercado
20 de Huancayo o hasta Pachacamac, donde se encuentran las ruinas del templo de la fertilidad de los incas, construido en 1350. La gran mayoría de las ruinas incaicas están en el interior del país.

La capital de la República Argentina, Buenos
25 Aires, fue fundada en 1536 con el nombre de Puerto de Nuestra Señora de los Buenos Aires— la santa patrona de los marineros sevillanos—y fue destruida poco después por los indios. Aunque fue fundada por segunda vez, la ciudad no tuvo
30 gran importancia hasta el siglo XVIII, porque España no permitió que los productos salieran sino por Lima hasta fines de ese siglo. Cuando el puerto de Buenos Aires fue abierto al comercio, su posición geográfica le aseguró un crecimiento
35 continuo. Además la ciudad fomentó la inmigración de europeos, que continuó durante un siglo y medio y que dio a Buenos Aires el carácter único de ser la ciudad más europea de América. Ingleses, alemanes, italianos, franceses y otros

marineros *sailors*

sino por *except through*

crecimiento *growth*

---

[9] Inquisición *The Holy Inquisition was a major instrument of the Catholic Church in the Counter-Reformation. Its function was to seek out heretics, and it was frequently marked by violence.*

europeos vinieron en grandes números y se establecieron en diferentes barrios donde mantienen hasta hoy muchas costumbres étnicas y
también su lengua nativa. Las lenguas europeas,
5 especialmente el italiano, han influido mucho en
el español que se habla en Buenos Aires.

    La ciudad actual es uno de los grandes centros
comerciales de todo el continente. Es muy in-
dustrializada y tiene las dársenas más grandes de   dársenas *docks, wharf*
10 Hispanoamérica. Muchos de los edificios son re-
lativamente nuevos porque el crecimiento rápido
en el siglo XIX trajo la destrucción de los viejos
a fin de ampliar las calles para el automóvil que   a fin de *in order to*
comenzaba a llenar la ciudad. En 1913 se inau-   ampliar *to widen*
15 guró el servicio de subterráneos, uno de los pri-
meros del mundo. La Avenida 9 de Julio con sus
480 pies de ancho es la mayor del mundo. El   480 pies de ancho *480-*
Centro, o sea el centro financiero, es donde están   *foot width*
                                                         financiero *financial*

los bancos nacionales y extranjeros, las casas de
comercio y las oficinas más importantes.

Buenos Aires es el ejemplo perfecto de la ciudad que sintetiza la nación y la domina con su
5 poder económico y su energía perpetua.

II. El aspecto físico de la ciudad hispánica

Hay ciertos aspectos físicos casi universales en la
típica ciudad hispánica. En primer lugar, las
10 grandes ciudades son más antiguas que las ciudades norteamericanas y retienen por lo tanto un
sabor más antiguo. Aun las del Nuevo Mundo
fueron fundadas en el siglo XVI. Tienden a tener
calles estrechas con los edificios muy juntos a la
15 calle. Claro que existen secciones nuevas con
calles anchas construídas para el automóvil, pero
esto es más típico de las afueras que del centro
de la ciudad. Por lo general, ha habido menos
tendencia a derribar los edificios antiguos que en
20 los Estados Unidos: se reforman por dentro y por
fuera mantienen su apariencia original.

Otro aspecto notable de muchas ciudades
hispánicas es la falta de simetría en las calles:
corren en todas direcciones sin preocuparse por
25 los ángulos rectos, lo cual crea cruces de una
complicación formidable donde se cruzan seis u
ocho calles en un mismo punto. Tanto en España
como en América continúan el plan europeo de
usar círculos para el tránsito de estos cruces. Los
30 círculos frecuentemente contienen monumentos,
fuentes, estatuas u otros elementos decorativos.

En general, las ciudades han crecido alrededor
de una plaza central donde se encuentra la catedral, la casa de gobierno, los bancos, los ne-
35 gocios grandes y los mayores hoteles. Se han
añadido otras plazas menores en un patrón al
azar, que forman los centros de los barrios resi-
denciales de la ciudad.

Lo más típico es encontrar alrededor de las
40 plazas menores una iglesia, varias tiendas pe-

estrechas *narrow*

afueras *outskirts*

derribar *to tear down*
se reforman *are remodelled*

ángulos rectos *right angles*
cruces *intersections*
cruzan *cross*

estatuas *statues*
alrededor de *around*

patrón al azar *random pattern*

queñas, un café al aire libre, el quiosco de diarios y revistas y otras necesidades de la vida de los vecinos. Cada habitante de la ciudad vive a poca distancia de una de estas plazas y es allí donde
5 hace sus compras diarias. La plaza del barrio es también un lugar de mucha actividad social—allí la gente se pasea, los ancianos jubilados se reúnen para charlar con sus amigos y es el lugar preferido de los vendedores ambulantes. La plaza
10 generalmente tiene árboles y bancos públicos y a veces un quiosco de música donde la banda local ofrece conciertos casi todas las noches.

    La gente en su gran mayoría vive en grandes edificios de apartamentos—frecuentemente «con-
15 dominios,» lo que produce una concentración de población relativamente alta. De esta manera las ciudades no se desarrollan como las ciudades norteamericanas de igual población. Esta concentración resulta en ciertas ventajas y ciertas
20 desventajas. Las distancias son cortas, el transporte público es muy eficaz y muy usado y es menor la necesidad de un automóvil particular. En cambio el amontonamiento de gente en todas partes, el tráfico abrumador y el ruido callejero
25 pueden ser desagradables. Sin embargo, los habitantes se acostumbran a los aspectos negativos y gozan de una vida activa e intensa.

café al aire libre *sidewalk cafe*
quiosco . . . revistas *newsstand*

jubilados *retired*

vendedores ambulantes *street vendors*

quiosco de música *bandstand*

amontonamiento *crowding*
abrumador *overwhelming*
ruido callejero *street noise*

III. La vida urbana

La vida diaria del habitante de una ciudad
30 hispánica se concentra en el barrio. Es aquí donde es conocido y donde conoce a sus vecinos. Cuando hace buen tiempo tiene una fuerte tendencia a salir a la calle en busca de contacto humano.
35   Prefiere hacer sus compras en las pequeñas tiendas especializadas del barrio. Estas tiendas son comúnmente negocios familiares que pertenecen a una familia local. Ir de compras, que generalmente se hace a pie, se convierte en una
40 ocasión social. A la persona hispánica—gregaria

negocios *stores*

por naturaleza—no le atrae mucho la anonimidad de los grandes supermercados ni los grandes almacenes, aunque sí existen éstos en todas las ciudades. Los dueños de las panaderías, carni-
5 cerías, pescaderías, fruterías, lecherías, papelerías, tabaquerías, ferreterías, farmacias, etc. lo consideran parte de su servicio el conocer los gustos de sus clientes regulares y también a las familias de éstos. Es muy importante charlar un
10 rato con la persona que ha llegado a comprar algo, especialmente si ha ocurrido un cambio en el gobierno o la política del momento.

    Generalmente, las personas que tienen que trabajar fuera del barrio vuelven a casa a almorzar.
15 Puesto que es todavía común en varios países observar la siesta del mediodía—todo se cierra por unas tres horas después de las 12:00. Los niños vuelven de la escuela y es en este período que las familias tienen su comida principal del
20 día. Algunos aprovechan esta oportunidad para pasar un rato en el café charlando con los amigos o para pasearse por la plaza en los días de sol. A las 3:00 o 4:00 de la tarde los niños vuelven a la escuela y los padres al trabajo para completar
25 la jornada—hasta las 7:00 u 8:00 de la noche. Con esta división del día no sorprende que la cena, generalmente una comida ligera, no se coma hasta las 9:00 o 10:00 de la noche.

    Lo más importante de este estilo de vida es el
30 sentido de comunidad que mantiene frente a la gran masa impersonal de las grandes ciudades modernas. En las calles del barrio, o en la plaza, o reunido con los amigos en el café de la esquina, la persona no sufre la crisis de identidad. Aun
35 cuando hace las tareas diarias—ir de compras, ir al trabajo, etc.—se siente rodeado de vecinos que saben que uno existe y que se preocupan por su bienestar. Todo parece favorecer el contacto personal—las pequeñas tiendas, ubicadas
40 en los pisos bajos de los grandes edificios; el café al aire libre donde uno mira y es mirado constantemente; los vendedores de la calle, siempre listos con su opinión sobre los acontecimientos

almacenes *department stores*

papelerías *stationery stores*
ferreterías *hardware store*

almorzar *to have lunch*

jornada *day's work*

bienestar *welfare*
ubicadas *located*
pisos bajos *ground floors*

del día—todo ayuda al habitante de la ciudad hispánica a resistir la soledad tan endémica en la gran ciudad.

IV. El significado de la ciudad en el mundo hispánico

Como se ha visto, existen grandes ciudades hispánicas, cada una con personalidad distinta. Su importancia se basa en consideraciones económicas y políticas y es claro que cada ciudad funciona como imán para los habitantes del país. Las estadísticas indican que actualmente la tasa de crecimiento de las ciudades llega al doble de la de la población total. Fuera de los problemas obvios, como la incapacidad de los centros urbanos de asimilar a tantas personas, y el desempleo, la pobreza y el descontento social resultantes, existen otros factores negativos. El éxodo de gente del campo es cada vez más grave: España, antes predominantemente rural, sólo cuenta hoy con una fuerza agrícola del treinta y tres por ciento de los trabajadores. Esta gran migración también efectúa cambios profundos en algunas de las antiguas instituciones de la cultura: la familia, la iglesia y la moral tradicional pierden algo de su importancia cuando las personas cortan sus raíces rurales para mudarse a los centros urbanos.

Si estos problemas son graves ahora, el futuro promete algo espantoso. Se anticipa que el porcentaje de población urbana en Latinoamérica subirá del cuarenta y nueve por ciento actual al ochenta por ciento en el año 2000. En números absolutos irá de 102.000.000 de habitantes urbanos en 1960 hasta 608.000.000 en el año 2000.[10] En ese caso, las ciudades como Buenos Aires y México contarían con cerca de 30.000.000 de habitantes; ¡tres veces más que la población

imán *(m) magnet*
estadísticas *statistics*
tasa *rate*

asimilar *to assimilate*
desempleo *unemployment*
resultantes *resulting*

cortan *cut*
mudarse *to move*

promete *promises*
espantoso *horrible*

---

[10] de 102.000.000 habitantes   *In Spanish, the functions of the period and comma in cardinal numbers are the reverse of English: e.g., $100.000,00 in Spanish is $100,000.00 in English.*

actual de Nueva York! El dilema es obvio. Si el gobierno mejora las condiciones de los servicios sociales, viviendas, trabajos, etc., atraerá a más gente. Además quedaría sólo un veinte por ciento
5 de la población del continente para producir los comestibles necesarios para el otro ochenta por ciento, lo que sería dificil aún con los métodos más mecanizados de agricultura.

A pesar de estos problemas abrumadores, las
10 ciudades continúan teniendo sus atractivos: la esperanza de trabajo, la disponibilidad de inventos nuevos para aliviar las tareas de la vida, la proximidad a los centros de poder, las diversiones tanto culturales como recreacionales.

disponibilidad *availability*
aliviar *to relieve*

15 En el siglo XIX un argentino, Domingo Faustino Sarmiento,[11] formuló una interpretación de la sociedad hispanoamericana a través del conflicto entre «la civilización y la barbarie». Con la «civilización» Sarmiento identifica a la ciudad de
20 Buenos Aires y con la «barbarie» a la pampa argentina. Este concepto sirvió como base del pensamiento hispanoamericano durante todo un siglo. La actitud hispánica hacia la ciudad como centro de la civilización todavía existe como valor
25 básico de la vida y como lo dijo hace más de un siglo Sarmiento en esta cita: «. . . veremos . . . la campaña sobre las ciudades, y dominadas éstas en su espíritu, gobierno, civilización, formarse al fin el gobierno central unitario, despótico, del
30 estanciero Juan Manuel de Rosas, que clava en la culta Buenos Aires el cuchillo del gaucho y destruye la obra de los siglos, la civilización, las leyes y la libertad».

barbarie *(f) barbarism*

campaña *countryside*

estanciero *rancher*
clava *buries*
cuchillo *knife*

---

[11] Domingo Faustino Sarmiento (1811–1888) *Sarmiento was one of Spanish America's greatest essayists. He felt that the future of Argentina lay in allowing the cities, with their higher level of culture and civilization, to dominate the provincial areas. His long essay (of 1845) on a brutal gaucho named Juan Facundo Quiroga showed how the rural element was backward and primitive. Juan Manuel de Rosas was the dictator, from the provinces, who exemplified the harm done when the gaucho achieved political dominance.*

EJERCICIOS

I. Preguntas

1. ¿Cómo nacieron las ciudades antiguas? 2. ¿Qué visión les indicó a los aztecas el lugar donde debían construir Tenochtitlán? 3. ¿De dónde proviene la palabra «civilización»? 4. ¿Prefiere usted vivir en una ciudad? ¿Por qué? 5. ¿Cuál fue el centro de los árabes en España? 6. ¿Qué ciudad española fue la capital visigoda? 7. ¿Cuándo se trasladó la capital a Madrid? 8. ¿Cuál de las tres ciudades españolas descritas es la más romántica? ¿La más comercial? 9. ¿Cuál de éstas le atrae más a usted? 10. ¿Qué lengua se habla en Barcelona? 11. ¿Cuál fue la primera gran ciudad hispánica del Nuevo Mundo? 12. ¿Por qué se construyó la ciudad de México sobre Tenochtitlán? 13. ¿Cómo se llama la plaza central de México? 14. ¿Cómo se llama el parque central de México? 15. ¿Por qué no usaron los españoles la capital incaica? 16. ¿Quién fue la primera santa del Nuevo Mundo? 17. ¿Por qué tienen calles estrechas las ciudades hispánicas? 18. ¿Por qué hay cruces complicados en las ciudades? 19. ¿Qué cosas se encuentran típicamente en la plaza central? 20. ¿Por qué parecen menores las ciudades hispánicas que las norteamericanas? 21. ¿Por qué prefieren los habitantes las tiendas pequeñas? 22. ¿En qué consiste la siesta? 23. ¿Cómo se resiste la soledad en las ciudades hispánicas? 24. ¿Se ha sentido Ud. solo alguna vez en la ciudad? 25. ¿Por qué prefería Sarmiento la ciudad? 26. ¿Ha visitado usted alguna ciudad hispánica? ¿Le gustó?

II. Puntos de contraste cultural

1. La tradición anglosajona es de comunidades pequeñas y rurales. La mediterránea es bastante distinta. Hoy día, ¿cuáles son las diferencias entre una y otra tradición?
2. ¿Cree usted que lo más valioso de una sociedad está en los centros urbanos o en el campo? ¿Existe una actitud antiurbana en los EE. UU.?
3. ¿Qué diferencias existen entre los problemas de urbanización en Hispanoamérica y en los Estados Unidos?
4. ¿Qué diferencias hay entre la orientación de la vida urbana en las dos regiones?

III. Ejercicios de vocabulario

A. Completar con la forma correcta de la palabra entre paréntesis.

1. (urbano)
    a. El proceso de _____ es constante.
    b. Los centros _____ atraen a la gente.
    c. La población del mundo se _____ cada vez más.
2. (unir)
    a. La ciudad _____ la oportunidad y la dificultad.
    b. La gente de la ciudad está más _____ .
    c. Los Estados _____ es un país norteamericano.
3. (centro)
    a. En las ciudades hispánicas siempre hay una plaza ____ .
    b. La actitud etno- _____ es común.
    c. La ciudad es el _____ de los servicios.
4. (imperio)
    a. La política _____ siempre existe.
    b. La capital de la España _____ fue Madrid.
    c. El _____ hace difícil las relaciones entre países.
5. (descubrir)
    a. Colón fue el _____ del Nuevo Mundo.
    b. Sus _____ sorprendieron a los europeos.
    c. Las islas del Caribe fueron _____ en 1492.

B. Formar el superlativo según el modelo.

MODELO: conocido *conocidísimo*

1. importante _____
2. grande _____
3. mucho _____
4. alto _____
5. cerca (qu) _____
6. poco (qu) _____
7. largo (gu) _____
8. corto _____
9. pequeño _____
10. variado _____

C. Indicar los sinónimos.

1. anciano
2. comienzo
3. comercio
4. caminante

a. oeste
b. indicar
c. principio
d. opuesto

5.	monarca	e.	negocios
6.	nativo	f.	antiguo
7.	sacerdote	g.	indígena
8.	contrario	h.	peatón
9.	señalar	i.	cura
10.	occidente	j.	rey

IV. Ejercicios de composición

A.   Escribir un párrafo sobre:

1.   Las primeras ciudades mediterráneas.
2.   Madrid.
3.   La ciudad de México.
4.   El aspecto físico de las ciudades hispánicas.
5.   El barrio como elemento de la ciudad hispánica.

B.   Dar su opinión personal sobre:

1.   La calidad de la vida urbana comparada con la de la vida rural.
2.   La soledad en la ciudad moderna.
3.   Las ventajas de la ciudad.
4.   Las ventajas de la vida campestre.
5.   La violencia en la ciudad.

11

Los Estados Unidos y lo hispánico

VOCABULARIO ÚTIL

Estudiar estas palabras antes de leer el ensayo.

acuerdo   accord, agreement;
ponerse de acuerdo   to reach
   an agreement
aliado, -a   allied, ally
amenazar   to threaten;
amenaza   threat
amistad   friendship
caracterizar   to characterize
ciudadano, -a   citizen
compartir   to share
conseguir   to acquire, get
enemistad   enmity
enfrentarse (a)   to confront,
   face
firmar   to sign

hacia   toward
imponer   to impose, force on
lograr   to manage, achieve, get
mutuo, -a   mutual
peligro   danger
pérdida   loss
político, -a   political, politician;
la política   policy, politics
proclamar   to proclaim,
   announce
quejarse   to complain
reconocer   to recognize
rechazar   to reject, refuse
tratado   treaty

Al examinar la historia de las relaciones entre los
Estados Unidos y los países hispánicos lo que
más sorprende es la larga tradición de desconfianza y de sospechas mutuas que la han carac-
5 terizado. Tal vez sea por las vastas desigualdades
económicas, o por las profundas diferencias culturales y religiosas, pero lo cierto es que no se
encuentran muchas ocasiones que revelen verdadera amistad o alianza política. En el caso de
10 España sería posible atribuir esto a la falta de
intereses comunes y al hecho de que la mayor
parte del territorio de los Estados Unidos perte-
neciera en una época al imperio español. Después de todo, España era un país colonizador
15 que se identificaba con Europa, pero ése no era
el caso de los países hispanoamericanos. Si no
hubiera tanta semejanza histórica sería más fácil
aceptar la enemistad que caracteriza las relaciones
entre los países americanos. Todos comparten
20 varias tradiciones: el pasado colonial, las guerras
de independencia, la proximidad geográfica y el
americanismo que ésta produce, un liberalismo
fundamental nacido en el siglo XVIII. Sin em-

desconfianza distrust
sospechas suspicions

bargo, lejos de verificar la teoría de Herbert Bolton[1] sobre «el destino común de las naciones
americanas», la realidad ha sido otra. El análisis
de la historia de la relaciones interamericanas re-
5 sulta relativamente pesimista.

I. Los Estados Unidos, España y la independencia americana

Los primeros contactos importantes entre los Estados Unidos y España ocurrieron en el siglo
10 XVIII. Debido a una larga historia de conflictos
entre España e Inglaterra, los españoles apoya-   apoyaban *supported*
ban el movimiento de independencia en las co-
lonias inglesas. Esta posición se basaba más en
el deseo de ver la pérdida de las colonias que en
15 los principios filosóficos. Era imposible que Es-   se opusiera *would oppose*
paña se opusiera a la idea colonial, porque ella
misma mantenía lo que le quedaba de poder y
de prestigio en el mundo, a expensas de su propio   a expensas de *at the*
imperio colonial. Este imperio compartía una   *expense of*
20 larga frontera con las colonias inglesas y francesas
(aproximadamente a lo largo del río Misisipí). Sin   a lo largo *along*
duda, España pensaba que sería más fácil de-
fender esta frontera contra la nueva nación pe-
queña—los Estados Unidos—que contra Inglaterra.
25 Sea cual fuere el motivo, la realidad es que los   sea cual fuere *whatever*
españoles, aliados con los franceses, comenzaron   *might have been*
a incomodar a los ingleses en Europa, especial-   incomodar *to harass*
mente en Gibraltar, la colonia inglesa
estratégicamente situada en la península para
30 controlar la entrada al Mar Mediterráneo. Ese lugar, con las armas del período, era invencible.
Sin embargo, el ataque español comprometió a   comprometió *committed,*
la marina inglesa en Europa en el momento más   *engaged*
grave de la guerra en América. No se sabe si esto   marina *navy*
35 cambió el resultado de la lucha pero indudable-
mente acortó la guerra y facilitó la victoria de las   acortó *(it) shortened*
trece colonias.

---

[1] Herbert Bolton *One of the best-known historians of the Southwestern United States.*

Poco después comenzó el largo proceso de pérdidas coloniales para España, que siguió hasta 1898, cuando se enfrentó a los Estados Unidos. Bajo la presión e intriga política de Napoleón,

5 España cedió el territorio del río Misisipí (conocido como Luisiana) a Francia, que después de unos años lo vendió a los Estados Unidos. Poco después, España se vio obligada a vender la región que ahora es el estado de Florida a los Es-

10 tados Unidos. Además, inspirados por el ejemplo norteamericano, los criollos hispanoamericanos también lograron separarse de la madre patria. Ya para 1830 el imperio español se había reducido a las islas del Caribe, las Filipinas y algunas

15 colonias pequeñas en la costa de África. Los Estados Unidos fueron uno de los primeros países en reconocer la legalidad de las nuevas naciones, con expresiones de simpatía ideológica y moral. Aunque los Estados Unidos habían mantenido

20 una posición de neutralidad durante la guerra, una vez que estuvo asegurada la victoria de las colonias, declararon su apoyo en la famosa Doctrina Monroe (1823) que proclamaba la soberanía del hemisferio sobre su propio destino y decía

25 además que los Estados Unidos no mirarían con indiferencia cualquier tentativa de imponer un sistema europeo en el continente.[2]

Después de esta época, el problema básico en las relaciones entre España y los Estados Unidos

30 hasta 1898 fue el caso de la isla de Cuba. Aunque Cuba fue parte del imperio, siempre existían sentimientos de independencia. Los Estados Unidos, al mismo tiempo, valoraban la isla y no hay duda de que querían anexarla a la unión norteameri-

35 cana. Había más posibilidades que esto ocurriera si Cuba era independiente y no una colonia española. En 1848, los Estados Unidos se ofrecieron a comprar el territorio alegando como motivo el peligro de que cayera en manos de otro

40 poder europeo. El Presidente Buchanan ofreció

criollos *native-born of European ancestry*

simpatía *congeniality*

asegurada *assured*

soberanía *sovereignty, rule*

valoraban *valued*

alegando *claiming*

---

[2] Doctrina Monroe *So called because it was expressed by President James Monroe in a message to Congress in 1823.*

$50.000.000, pero en 1854 se llegó a ofrecer $120.000.000 por la isla. En ese mismo año el gobierno norteamericano tomó una posición algo agresiva basada en el peligro que podría repre-
5 sentar Cuba para los Estados Unidos: si la isla cayera en manos de otro poder o si siguiera importando esclavos africanos—los que ya era un problema en los Estados Unidos—los Estados Unidos tendrían el derecho de tomarla por la
10 fuerza. Esta política, que siguió en efecto hasta fines del siglo, sirvió de base a la invasión de 1898.

Existió un sentimiento a favor de la intervención durante el resto del siglo, pero ciertas con-
15 sideraciones políticas impedían la acción inme-   impedían *stalled*
diata. En 1895, sin embargo, los Estados Unidos comenzaron a sentirse suficientemente fuertes   suficientemente fuertes
como para apoyar la rebelión iniciada años antes   *strong enough*
por los patriotas cubanos bajo la inspiración de
20 José Martí. Ciertos intereses económicos en los Estados Unidos usaron la ocasión para excitar la opinión pública. Ya para 1898 el sentimiento a favor de la guerra era tal entre el pueblo norteamericano que habría sido difícil evitarla. Cuando
25 el acorazado *Maine* explotó en el puerto de La   acorazado *battleship*
Habana, la causa, desconocida hasta ahora, fue atribuida a una mina explosiva colocada por los españoles. En abril de 1898, el Presidente McKinley pidió al Congreso permiso para entrar en la
30 guerra entre Cuba y España.[3] Alegó como justificación cuatro razones: 1) el deseo humanitario de poner fin a la matanza, 2) la necesidad de   matanza *slaughter*
proteger a los ciudadanos norteamericanos residentes en Cuba, 3) la protección del comercio
35 entre Cuba y los Estados Unidos, 4) la amenaza que significaba la guerra para los estados situados a poca distancia de la isla. La guerra duró menos

---

[3] guerra entre Cuba y España *Called the Spanish–American War in U.S. history. It began as a struggle by Cuba for independence. José Martí was one of the inspirational leaders of the movement. The Hearst newspapers were in a circulation war with the Pulitzer papers, and both sent reporters to Cuba to file sensational stories which had the effect of inflaming public opinion in the U.S. The Maine incident was the final factor.*

de un año, durante el cual la marina norteamericana tomó Cuba, Puerto Rico y las Filipinas. El
tratado de paz firmado en París en diciembre de
1898 cedió las Filipinas, Puerto Rico y la isla de
5 Guam a los Estados Unidos y dejó a Cuba bajo
el control de una fuerza norteamericana de ocupación. La guerra marcó el fin del imperio colonial
de España en América. A causa de ella, surgió
en la península un movimiento cultural llamado
10 la Generación del 98, que buscaba la causa de
la decadencia de España y la manera de volver
a la grandeza anterior.

    En la actualidad, las relaciones entre España
y los Estados Unidos se basan en el apoyo que
15 éstos dan al gobierno a cambio de bases aéreas
que han facilitado la presencia norteamericana en
Europa y el Medio Oriente.

surgió   *there arose*

bases aéreas   *air bases*

Medio Oriente   *Middle East*

II. Los Estados Unidos y las nuevas naciones americanas

20 Además del reconocimiento diplomático de Cuba,
los Estados Unidos se ocuparon durante el siglo
XIX de las fronteras con Texas y California, que
todavía restringían la expansión norteamericana,
por pertenecer a México. La Doctrina Monroe fue
25 ampliada para incluir no sólo una prohibición de
la colonización sino también de cualquier intervención diplomática. Esto se hizo porque el Presidente Polk temía que los europeos se mezclaran
en el problema de Texas, pero fue el principio de
30 una política dominadora de los Estados Unidos
hacia México. Los Estados Unidos ayudaron a los
Texanos y también a los ciudadanos de California
que buscaban la independencia de México. Al
lograr la independencia, Texas pidió incorporarse
35 a los Estados Unidos. La petición fue aceptada
y México—aunque no se hallaba en condiciones
de sostener esta lucha—inmediatamente declaró
la guerra contra los Estados Unidos. Por el tratado

restringían   *restricted*

se mezclaran   *would meddle*

de Guadalupe Hidalgo (1848),[4] que puso fin a
la guerra, los mexicanos se vieron obligados a
aceptar la pérdida de casi la mitad de su territorio
nacional, incluidos Texas, California, Nuevo
5 México, gran parte del estado de Arizona y toda
la región al norte de estos estados. Cinco años
más tarde, por el Tratado de Gadsden, los Es-
tados Unidos compraron otra faja de tierra en el   faja *strip*
sur del estado de Arizona porque ofrecía una ruta
10 hacia el Océano Pacífico, algo que el gobierno
consideraba necesario para el desarrollo de California. Como consecuencia, el gobierno mexi-
cano quedó en pésimas condiciones, lo que pre-   en pésimas condiciones *in*
paró la situación para la primera verdadera   *a terrible situation*
15 prueba de la Doctrina Monroe.   prueba *test*

    Debido al costo de la guerra contra los Estados
Unidos, el gobierno mexicano bajo Benito Juárez
se vio obligado a suspender el pago de los   se ... a *had to*
préstamos que le habían hecho varios gobiernos   préstamos *loans*
20 europeos. Inglaterra, Francia y España se pu-   se ... acuerdo *agreed*
sieron de acuerdo sobre la necesidad de inter-
venir con una fuerza militar para proteger sus
intereses.[5] En realidad, veían la posibilidad de
establecer una colonia en América. El más inte-
25 resado era Napoleón III, que tramó el plan y   tramó *conceived*
mandó a Maximiliano a México. A pesar de que
la Doctrina Monroe prohibía tal invasión, los Estados Unidos, que en ese momento se hallaban
en medio de la Guerra Civil, no pudieron evitarla
30 y los mexicanos tuvieron que defenderse solos
sin la ayuda de los Estados Unidos.

    Durante la segunda mitad del siglo XIX, los
Estados Unidos siguieron una política de expansión. Una tentativa de conseguir más territorio de
35 México fracasó cuando el Congreso rechazó el   rechazó *rejected*
tratado. El gobierno de la República Dominicana

---

[4] Tratado de Guadalupe Hidalgo *This treaty, signed in 1848, ended the war between the U.S.
and Mexico. Most of what is now the western U.S. was ceded by Mexico. The Treaty of Paris
ended the Spanish–American War in 1898. Puerto Rico became a colony of the U.S. and its
citizens were granted most of the rights and privileges of U.S. citizenship, including unrestricted
immigration to the mainland.*

[5] para proteger sus intereses *Default on debt payments was mainly an excuse. Napoleon III sent
Maximilian, Archduke of Austria, to take over and become Emperor of Mexico. A large group of
Mexican conservatives supported this ill-fated move.*

pidió ser incorporado al territorio de los Estados
Unidos y éstos pasaron unos años tratando de
conseguir la isla.[6] El Presidente Grant justificó este
paso en términos comerciales y humanitarios:

5 quería detener la importación de esclavos africanos en el Caribe. Pero Grant tuvo que luchar
contra la oposición del Congreso y a pesar de las
actividades militares en la isla, nunca pudo lograr
que el poder legislativo aceptara anexarla. La

10 única empresa que tuvo éxito fue la compra de
Alaska de los rusos.

paso *step*
detener *to stop*

empresa *undertaking,
venture*
rusos *Russians*

Otra cuestión que interesaba a los Estados
Unidos en esta época era la posibilidad de construir un canal en Centroamérica. El mejor lugar

15 para el canal era el istmo de Panamá, que formaba parte de Nueva Granada, ahora Colombia.
El tratado con Nueva Granada en 1846 y el Tratado Clayton-Bulwer con Inglaterra en 1850
tenían como propósito asegurar los derechos de

20 los Estados Unidos sobre cualquier canal o ferrocarril que fuera construido en la región. El tratado con Inglaterra también buscaba imponer
límites al establecimiento de colonias inglesas en
la región y comprometía a los Estados Unidos a

25 garantizar la neutralidad de un futuro canal. Proclamó, además, que cualquier canal del futuro no
sería propiedad de los Estados Unidos.

istmo *isthmus*

propósito *purpose, intent*

comprometía *committed*

Así era la situación a fines del siglo XIX. Hasta
ese momento las relaciones entre todos los países

30 americanos habían demostrado cierta unidad
contra las continuas amenazas europeas. La Doctrina Monroe no parecía ser un documento im-
perialista, sino uno que afirmaba la independencia de todas las naciones americanas. La última

35 década del siglo, sin embargo, abrió una nueva
época en las relaciones interamericanas, carac-
terizada por declaraciones de unidad cada vez
más fuertes y por actos cada vez más agresivos
de parte de los Estados Unidos.

cada . . . fuertes *stronger
and stronger*

---

[6] la isla   *The island of Santo Domingo had been divided into Haiti and the Dominican Republic.
Haiti, a former French colony, constituted a base for French colonial incursions. Because of that
and the Dominican Republic's strategic value, interests in the U.S. were continually trying to take
it. Also, the island was a slave port and after the Civil War the U.S. was strongly anti-slavery.*

III. El panamericanismo y «el coloso del norte»

En 1889, a petición de los Estados Unidos, tuvo lugar la primera reunión panamericana en Washington. Hubo otras en 1902 en México, 1906 en Río de Janeiro y en 1910 en Buenos Aires. Aunque el gobierno norteamericano siempre apoyó estas reuniones, sus acciones no contribuyeron a una idea de amistad y alianza. Primero, los Estados Unidos participaron en la guerra contra España, que resultó en la adquisición de Puerto Rico por parte de los norteamericanos y la ocupación de Cuba por un tiempo no determinado. Esto, junto con el hecho de que los Estados Unidos no daban indicios de terminar la ocupación, aumentó la desconfianza de los estados hispanoamericanos.

no . . . de *gave no indication of*

Otro aspecto de la política norteamericana hacia Cuba fue la declaración en 1901 de ciertas prohibiciones contra el gobierno cubano:[7] 1) éste no permitiría fuerzas de otras naciones en la isla, 2) no contraería deudas excesivas, 3) daría a los Estados Unidos el derecho de intervención para proteger la «independencia» del país, 4) vendería a los Estados Unidos la tierra necesaria para establecer una base en la isla. En pocas palabras, el gobierno norteamericano pensaba asumir el papel de «protector» del nuevo gobierno cubano.

éste *the latter (the Cuban government)*

no contraería *would not contract, acquire*
deudas *debts*

Debido a ciertas reclamaciones de parte de países europeos sobre deudas del gobierno dominicano, apareció la amenaza de otra invasión semejante a la que había ocurrido antes en México. Esta vez los Estados Unidos decidieron actuar primero, y en 1905 se apoderaron de la aduana de la isla para distribuir el dinero a los gobiernos europeos.

reclamaciones *(f) claims*

semejante *similar*

se apoderaron de *they took over*
aduana *customshouse*

---

[7] prohibiciones contra el gobierno cubano *This is known as the Platt Amendment (to the Military Appropriations Bill of 1904). It was symbolic of U.S. arrogance for many years in Latin America. It was mentioned in the Cuban Missile Crisis of 1962 since that case, too, involved threatened intervention. The 1979 U.S. protest against the presence of Soviet combat troops in Cuba was another invocation of this policy.*

Los recelos hispanoamericanos aumentaron como resultado de una proclamación del Presidente Theodore Roosevelt en 1904 en la que se extendía la Doctrina Monroe para incluir el de-
5 recho norteamericano de intervenir en los asuntos de los otros países en caso de una amenaza a su estabilidad y orden internos. Esta idea, llamada el «corolario de Roosevelt a la Doctrina Monroe» es clasificada por la mayoría de los his-
10 toriadores como la cumbre de la arrogancia norteamericana en las relaciones interamericanas. Roosevelt dijo que no había peligro de intervención en los países que «se portaran bien» y que mostraran su capacidad de gobernarse «de una
15 manera eficaz y decente». En casos de «errores crónicos» los Estados Unidos se verían obligados a actuar como «policía internacional» para restaurar el orden y la civilización en el país.

Haciendo uso de esta doctrina el Presidente
20 Taft mandó fuerzas militares a varios países centroamericanos que amenazaban sufrir algún problema interior. Uno de los efectos negativos de esta política era que tendía a favorecer a los dictadores en lugar de los partidos más democráticos.
25 Taft creó también la «diplomacia del dólar», una tentativa de reemplazar las inversiones europeas en Hispanoamérica con dólares norteamericanos, lo que ayudaría a eliminar la amenaza europea a la soberanía de estos países. Si no
30 pagaban las deudas, los únicos que se quejarían serían los financieros norteamericanos, y el gobierno garantizaría las deudas. Los que se oponían a esta táctica declaraban que los países pequeños llegarían a ser casi propiedad de los Estados U-
35 nidos. La intervención resulta mucho más fácil cuando no hay necesidad de ponerse de acuerdo con otros gobiernos acreedores.

La última, y probablemente la más importante de las intervenciones de los Estados Unidos fue
40 la construcción del canal de Panamá. Hacia fines del siglo pasado el canal asumió gran importancia en la política estadounidense a causa de la atracción comercial del Lejano Oriente y de la necesidad militar de proteger las dos costas de los

recelos   *suspicions*

cumbre   *height*

se portaran bien   *behaved well*

eficaz   *efficient*
crónicos   *chronic, severe*
restaurar   *to restore*

reemplazar las inversiones   *replace investments*

llegarían a ser   *would become*

acreedores   *creditor*

estadounidense   *of the U.S.*
Lejano Oriente   *Far East*

Estados Unidos. Después de conseguir de Inglaterra el derecho de construir y dirigir el canal por
su propia cuenta, los Estados Unidos tuvieron
que entrar en un acuerdo con Colombia, por
5 cuyo territorio iba a pasar el canal. Sin embargo,
cuando iba a concluirse el tratado con Colombia
el congreso de ese país rehusó aceptar los
términos, porque querían aclarar algunos artículos
relacionados con los derechos reservados a su
10 propio gobierno. Mientras se debatía el problema,
estalló una revolución en la región de Panamá,
una provincia de Colombia, para lograr la independencia. Los colombianos pensaron que los
Estados Unidos habían fomentado la rebelión, ya
15 que después de tres días, Roosevelt reconoció a
la nueva república de Panamá y comenzaron las
conversaciones sobre un tratado de concesión

por . . . cuenta *on its own*

rehusó *refused*

por el cual los Estados Unidos conseguían el derecho de construir el canal, de dirigirlo para siempre y de incorporar la tierra por la cual pasaba, como territorio nacional. Esta situación pre-
5 valeció hasta 1979 cuando un nuevo tratado comenzó el proceso de dar el control del canal a Panamá.

Esta serie de acciones no hizo más que aumentar la desconfianza ya existente entre los di-
10 plomáticos hispanoamericanos, a pesar de las bellas palabras pronunciadas por los representantes de los Estados Unidos en los congresos interamericanos.

Durante la presidencia de Woodrow Wilson la
15 situación mejoró un poco. Wilson disminuyó el poder de la Doctrina Monroe, rechazando el concepto impuesto por Roosevelt. Además sugirió el principio de que ningún país debería permitir que fuerzas rebeldes de otros países se prepa-
20 raran en el territorio del país vecino. Wilson también apoyó las fuerzas de la revolución en México, basándose en su idealismo acerca de las formas de gobierno. Hasta entonces, los Estados Unidos habían operado siempre sobre la base de que el
25 gobierno «de facto» sería el aceptado, sin consideración de su derecho legal al poder. La decisión de Wilson en el caso de México fue más o menos popular, pero las implicaciones para otros casos inspiraban cierto recelo, de modo que esta
30 política fue cambiada por el Presidente Hoover unos años después.

Hubo otras intervenciones en la América Central durante la segunda década del siglo y no fue hasta 1936, durante la presidencia de Franklin
35 Roosevelt—quien inició la política del «Buen Vecino»—que comenzó a haber cambios notables en las relaciones entre los Estados Unidos e Hispanoamérica. Esta política rechazó varias prácticas del pasado y condujo a algunos tratados: entre
40 ellos, la prohibición de la intervención y de la guerra entre países del continente. Al estallar la guerra en Europa casi todos los países de América se declararon aliados, por lo que durante los años

no . . . aumentar *only increased*

permitir . . . prepararan *allow rebel forces of other countries to be prepared*

«de facto» *existing, de facto*

recelo *fear, suspicion*

«Buen Vecino» *"Good Neighbor"*

condujo a *led to*

al estallar *upon the outbreak of*

de la Segunda Guerra Mundial hubo paz y amistad entre los Estados Unidos y los países hispanoamericanos.

IV. Las relaciones en la época de la posguerra

Casi todas las relaciones norteamericanas después de la guerra eran influenciadas por la «Guerra Fría» entre los Estados Unidos y la Unión Soviética. Los aliados hispanoamericanos ocuparon un lugar importante en este juego diplomático porque casi todos tenían gobiernos conservadores, pero al mismo tiempo veían el nacimiento de nuevos movimientos izquierdistas. Por lo general, aunque estos movimientos mostraban una ideología de izquierda, sus lazos con el movimiento comunista internacional eran débiles. Sus intereses tendían a ser nacionalistas, antinorteamericanos y anticapitalistas. Atraían frecuentemente la atención y a veces el apoyo de los partidos comunistas, lo que les ganaba la enemistad del gobierno estadounidense.

En base a los acuerdos y tratados interamericanos, los Estados Unidos comenzaron a formular tratados de seguridad mutua. Los gobiernos conservadores firmaban con gusto estos acuerdos porque contenían garantías de estabilidad interna e iban acompañados de ofertas de ayuda económica en forma de armas modernas. Puesto que estos dictadores generalmente mantenían su poder gracias a las fuerzas militares, las armas representaban una ayuda efectiva contra cualquier grupo rebelde. De nuevo, la política norteamericana aparecía como una política dominadora que exigía cierta conducta de los países vecinos a cambio de la ayuda económica y la amistad. Esta nueva actitud fue formalizada en el Tratado de Río de Janeiro[8] de 1947. Se trataba

izquierdistas *leftist*

débiles *weak*
atraían *they attracted*

en base a *based on*

con gusto *with pleasure*

iban acompañados de
  were accompanied by
ofertas *offers*

a cambio de *in exchange for*

---

[8] Tratado de Río de Janeiro *Known as the Rio Pact. The full name: Inter-American Treaty of Reciprocal Assistance. It expressed adherence to the recently formed United Nations and declared the intention to settle disputes peacefully. It also declared that an armed attack against any American State constituted an attack against all.*

en realidad de una alianza militar—la primera de este tipo para los Estados Unidos desde 1778 cuando el nuevo gobierno había aceptado la ayuda francesa.

5   En 1948 los representantes de 21 repúblicas se reunieron en Bogotá para el Noveno Congreso Internacional de Estados Americanos. En medio de tumultos y violencia[9] se formularon los prin-   tumultos *riots*
cipios de un nuevo cuerpo: la Organización de
10 Estados Americanos, que primero se había lla- mado La Unión de Repúblicas Americanas y luego El Sistema Interamericano. La nueva or- ganización, además de reconocer el alto nivel de   además de *in addition to*
actividad nacida durante la guerra, creó un con-   consejo *council*
15 sejo permanente de defensa para coordinar la cooperación militar, es decir, la venta de armas y el entrenamiento de oficiales. La Unión Pan-   entrenamiento *training*
americana fue designada como Secretariado de la organización y el órgano principal de las rela-
20 ciones culturales.

    Después de la formación de la OEA las rela- ciones interamericanas sufrieron un largo período de descuido de parte de los Estados Unidos, con   descuido *neglect*
excepción de aquellos casos de crisis. Todos los
25 tratados prohibieron explícitamente la interven- ción abierta al estilo de Taft y Coolidge, pero, durante la década de 1950 el celo anticomunista   celo *zeal*
del gobierno norteamericano lo llevó a mezclarse en los asuntos internos de algunos países para
30 que los comunistas no ganaran ninguna ventaja.

    El caso más notable fue el de Guatemala. El Partido Comunista logró alguna influencia en el gobierno de Jacobo Árbenz Guzmán, un presi- dente reformista con ideología de izquierda. La
35 oposición, encabezada por el General Carlos   encabezada *headed*
Castillo Armas, estaba preparando una revolu- ción en el vecino país de Honduras. Árbenz aceptó la ayuda ofrecida por la Unión Soviética, y eso despertó el interés de los Estados Unidos.
40 Éstos ofrecieron ayuda secreta a Castillo Armas,

---

[9] tumultos y violencia *Known as the* Bogotazo; *rioting and burning broke out when a popular political leader was assassinated. The conference seemed to be part of the motive.*

en forma de armas y de entrenamiento, que fue
llevado a cabo por la Agencia Central de Inteligencia. Esto hizo posible el triunfo de la revolución en 1955, a la que han seguido 25 años de
5 inestabilidad y violencia. Aunque los Estados
Unidos negaron sus acciones durante diez años,
las admitieron después. Con un caso comprobado, los hispanoamericanos comenzaron a culpar a los Estados Unidos cada vez que ocurría
10 un incidente semejante. Los Estados U-
nidos siempre han negado su interés en estas situaciones, pero ocurrieron otros casos, como el
de la Bahía de Cochinos en Cuba en 1961,
donde la misma táctica fue empleada, aunque sin
15 éxito.

Desde 1959 Cuba ha sido el caso más importante en las relaciones interamericanas. Una de
las razones es la misma de hace un siglo—la
proximidad geográfica de la isla a los Estados
20 Unidos. La otra razón es que Fidel Castro ha
sabido ganar la simpatía de Hispanoamérica ex-
plotando su papel de jefe de un país pequeño y
débil, que ha podido burlarse de los deseos del
gobierno norteamericano. Además, Castro se ha

llevado a cabo *carried out*

negaron *denied*
caso comprobado *proven
   occurrence*
culpar *to blame*

Bahía de Cochinos *Bay
   of Pigs*

burlarse *to mock*

ocupado en crear y apoyar movimientos semejantes en otros países.

El movimiento del «26 de julio» atrajo el interés
del gobierno norteamericano durante los años de
5 lucha porque a éste le parecía que era un movimiento nacional con aspiraciones de justicia y
reforma social. Poco después de ocupar el go-
bierno, sin embargo, Castro declaró su adhesión   adhesión *loyalty*
al marxismo y, más importante, al comunismo.
10 Algunos vieron en esta declaración una simple
afirmación filosófica sin mucho significado práctico,
pero el gobierno norteamericano estableció una
postura de oposición que caracterizó las rela-   postura *position*
ciones posteriores entre los dos países durante
15 muchos años.

El Presidente John F. Kennedy formuló una
nueva política hacia Latinoamérica llamada «La
Alianza para el Progreso». El nuevo programa
consistía en un esfuerzo continental de coope-   esfuerzo *effort*
20 ración, cuya base era la oferta de ayuda económica
en casos donde el gobierno local demostrara
algún esfuerzo propio, es decir, donde se pudiera
formar una alianza entre la ayuda norteamericana
y el capital nativo para un programa de desarrollo.
25 Este plan atrajo mucho interés entre los intelectuales americanos por su indiscutible idealismo.
En la práctica, sin embargo, logró muy poco. Los
que se oponían al plan decían que los Estados
Unidos querían ejercer control sobre el desarrollo
30 de la región y evitar así que se formaran más
gobiernos izquierdistas. De todos modos, no logró cambiar la opinión de los hispanoamericanos,
quienes todavía ven en los Estados Unidos al
«coloso del norte».
35 En los últimos años ha crecido la atención al
desarrollo de las grandes compañías internacionales. Algunos observadores han notado que
éstas tienden a crear su propia política; el caso
de la ITT en Chile es un ejemplo. Estas com-
40 pañías, con sus presupuestos de muchos miles   presupuestos *budgets*
de millones de dólares, son mayores que algunos
gobiernos y constituyen nuevas instituciones en
las relaciones interamericanas.

Recientemente la política estadounidense ha dado muestras de un cambio básico. El papel de los Estados Unidos en la caída del dictador Somoza en Nicaragua, la apertura hacia Cuba y la campaña a favor de los derechos humanos atraerá sin duda el apoyo de los elementos moderados en la región.

muestras *signs*

apertura *opening*

Resumiendo, las relaciones entre los Estados Unidos y los países hispánicos han tenido una historia de conflictos y problemas. Es una lástima que no hayan podido establecer entre ellas un tono de confianza y respeto mutuos. Es interesante notar que un latinoamericano o español y un norteamericano pueden llegar fácilmente a ser buenos amigos a pesar de sus diferencias culturales, religiosas o económicas. Pero, cuando estas diferencias se elevan al nivel nacional se vuelven verdaderos obstáculos para la paz y comprensión que todo el mundo, en el fondo, desea.

confianza *trust*

se elevan *are raised*

en el fondo *basically*

EJERCICIOS

I. Preguntas

1. ¿Cómo se pueden caracterizar las relaciones entre los Estados Unidos y el mundo hispánico? 2. ¿Cuáles son algunos factores que tienen en común los países americanos? 3. ¿Cómo ayudó España a las trece colonias? 4. ¿Cuál fue la actitud norteamericana hacia la independencia hispanoamericana? 5. ¿Ha visitado usted España? 6. ¿Cuáles son algunas diferencias culturales entre España y los Estados Unidos? 7. ¿Cómo quedó el imperio español después de 1898? 8. ¿Qué es la Doctrina Monroe? 9. ¿Cuándo se incorporaron Texas y California a los Estados Unidos? 10. ¿Por qué tenían los Estados Unidos tanto interés en la América Central? 11. ¿Qué dos océanos conecta el Canal de Panamá? 12. ¿Quién es el «coloso del norte»? 13. ¿Por qué ha sido Cuba tan importante en la política de los Estados Unidos? 14. ¿Qué significa la diplomacia del dólar? 15. ¿Qué presidente creó la política del «Buen Vecino»? 16. ¿Ha conocido usted a algún hispanoamericano? 17. ¿Cómo fueron las relaciones

interamericanas durante la Segunda Guerra Mundial? 18. ¿Favorece la política norteamericana a los dictadores? 19. ¿Cuál fue el papel de los Estados Unidos en la rebelión de Castillo Armas en Guatemala? 20. ¿Cómo son las relaciones interamericanas en la actualidad? 21. ¿Cuál es la misión de la OEA? ¿Es necesaria esta organización? 22. ¿Qué fue la «Alianza para el Progreso»? 23. ¿Ha viajado usted por Hispanoamérica?

II. Puntos de contraste cultural

1. ¿Cuáles son las causas de la enemistad entre los gobiernos hispanoamericanos y los Estados Unidos?
2. ¿Qué diferencias hay entre los motivos básicos de la política internacional de los Estados Unidos y los de un país hispánico?
3. En Puerto Rico hay un intenso contacto entre las dos culturas. ¿Cuál ha sido el resultado? ¿Cree usted que Puerto Rico debe separarse de los Estados Unidos? ¿Por qué?
4. ¿Cree usted que es posible tener unidad en el hemisferio occidental? ¿Por qué?

III. Ejercicios de vocabulario

A. Completar.

1. El comunismo es una política _____ .
2. Cuba ha sido importante por su _____ geográfica.
3. La « _____ para el Progresso» fue muy popular entre los intelectuales norteamericanos.
4. Los Estados Unidos recibieron California por el _____ de Guadalupe Hidalgo.
5. La Doctrina Monroe fue una respuesta a las _____ europeas de volver a colonizar América.

B. Dar la forma apropiada de la palabra entre paréntesis.

1. (prohibir) El tratado contiene _____ contra la intervención.
2. (Estados Unidos) La política _____ se basaba en la «Guerra Fría».
3. (ideal) Ese programa es caracterizado por un tono _____ .
4. (ideología) El movimiento tiene semejanzas _____ con el comunismo.
5. (colonia) España fue un país _____ .

C.   Completar según el ejemplo.

MODELO: colonia *colonial colonialista colonizar colonización*

1.   nación   _____ _____ _____ _____
2.   forma   _____ _____ _____ _____
3.   género   _____ _____ _____ _____
4.   idea   _____ _____ _____ _____

D.   Dar la palabra relacionada.

MODELO: común *comunidad*

1.   aliar   _____
2.   diferente   _____
3.   semejante   _____
4.   simpático   _____
5.   intervenir   _____
6.   diplomático   _____
7.   garantizar   _____
8.   violento   _____
9.   actual   _____
10.   desconfiar   _____

IV. Ejercicios de composición

A.   Escribir un párrafo sobre:

1.   Características generales de las relaciones interamericanas.
2.   El papel de España en la independencia de los Estados Unidos.
3.   La Doctrina Monroe.
4.   El panamericanismo.
5.   «La Alianza para el Progreso.»

B.   Dar su opinión personal sobre:

1.   La política actual estadounidense hacia los países hispanoamericanos.
2.   La idea de Thomas Jefferson de que todos los habitantes del hemisferio deben hablar inglés y español.
3.   Los conflictos internacionales y la amistad personal entre personas de distintas culturas.
4.   La política apropiada de los Estados Unidos hacia Cuba.
5.   La influencia de las grandes compañías multinacionales en las relaciones internacionales.

La presencia hispánica en los Estados Unidos

12

VOCABULARIO ÚTIL

Estudiar estas palabras antes de leer el ensayo.

adaptarse   to adapt to

anglosajón, -ona   Anglo-Saxon

asimilar   to assimilate

centenares *(m)*   hundreds

disposición   disposition, readiness

dispuesto, -a   disposed to, ready

emigrar   to emigrate, move out of a country

estallar   to break out, erupt, explode

étnico, -a   ethnic

ferrocarril *(m)*   railroad

ganadero, -a   cattleman

ganado   cattle; **la cría de ganado**   cattle raising

incorporar   to incorporate

inmigrar   to immigrate, move into a country

labrar   to carve (wood, stone, etc.)

mayoría   majority

migración   migration, movement from one area to another

minoría   minority

obrero, -a   worker

pacífico, -a   peaceful

poblado, -a   populated

suroeste *(m)*   southwest

Por varias razones históricas, la población actual de los Estados Unidos contiene más de un cinco por ciento de personas de habla hispana. A diferencia de otros grupos étnicos, la mayor parte
5 de éstos nunca inmigraron a los Estados Unidos, y no son descendientes de inmigrantes a este país. En el suroeste de los E.E.U.U. están las personas que fueron incorporadas a los Estados Unidos a través del Tratado de Guadalupe Hidalgo en
10 1848. En el este del país están los puertorriqueños que se convirtieron en ciudadanos americanos por el Tratado de París de 1898. En otras palabras, la mayoría de las personas de habla hispana en los Estados Unidos son los habitantes
15 de territorios tomados en dos guerras.

El inmigrante llega tradicionalmente a una nueva tierra dispuesto a asimilarse a la cultura, a aprender una nueva lengua, a adaptarse a las costumbres y a los valores del país, muchas veces
20 con un entusiasmo extremado. Pero cuando se ve incorporado por la fuerza a otra cultura, no

de habla hispana Spanish-speaking

puertorriqueños Puerto Ricans

dispuesto a ready to

por la fuerza by force

siente esta disposición. Más bien tiende a resistirse
y a tratar de preservar su cultura original como
un tipo de defensa. Un caso comparable es el de
la provincia de Quebec, en Canadá, donde la
5 situación de los habitantes de cultura francesa se
asemeja a la de los de origen hispánico en los
E.E.U.U. Es indispensable conocer este contexto
para comprender las actitudes contemporáneas
de esta minoría étnica.

I. Orígenes de «La Raza»

«La Raza» *"The Race"*

10 Mientras que el porcentaje de personas de ascendencia hispánica en el resto del país es de un
cinco por ciento, en los estados del suroeste ese
porcentaje se duplica y en Texas y California llega
15 a más de cuarenta por ciento. La causa básica de
esta concentración tiene su origen en algunos
hechos de la primera mitad del siglo XIX.

ascendencia *ancestry*

se duplica *is doubled*

A principios del siglo XIX nació en los E.E. U.U.
el concepto que se llamó «destino manifiesto».
20 Según éste, el destino de los anglosajones era
ampliar su territorio, a expensas del pueblo
hispánico, sobre el continente americano. Existía
cierta confusión en cuanto a los límites de esta
expansión: algunos pensaban que debía incluir
25 todo el hemisferio; otros sólo veían la necesidad
de abarcar la tierra entre Nueva Inglaterra y el
Océano Pacífico. Antes que invadir abiertamente
los territorios, los estadounidenses preferían
animar a los habitantes de las regiones fronterizas
30 a que se separaran de México y después pidieran
incorporarse a la Unión Americana. Los Estados
Unidos ya habían comprado el territorio de Loui-
siana en 1803 y la Florida en 1819, de manera
que sólo quedaba por anexar el área entre Texas
35 y California.

a principios *in the early part*

ampliar *to increase*

abarcar *to take in*
Nueva Inglaterra *New England*

animar . . . separaran *to encourage . . . to separate themselves*

Hubo entonces una migración constante de
estadounidenses hacia estas dos provincias mexicanas tan poco pobladas, con el propósito de
fomentar una revolución en favor de la indepen-
40 dencia. O sea que, aunque el gobierno de los

fomentar *to stimulate*

E.E. U.U. no estuviera cometiendo actos agresivos contra México, su política favorecía esta agresión, ya que aprobaba de antemano la incorporación de esos territorios como nuevos estados.

de antemano *beforehand*

5 Por razones económicas, la política mexicana
también favorecía esta inmigración, ofreciendo
tierra a inmigrantes tales como Stephen F. Austin,
quien estableció la primera colonia anglosajona
en Texas.

10 El resultado de esta política fue un choque cultural. Como estaba cerca de los Estados Unidos,
Texas se llenó de anglos; en 1834 se calculaba
que había allí 301.000 anglosajones y sólo 5000
mexicanos. En 1836, los ciudadanos de Texas se

choque *(m)* *clash*

15 declararon independientes de México. Después
de la famosa derrota de la misión del Álamo, el
ejército texano, bajo el mando de Sam Houston,
pudo vencer al ejército mexicano en San Jacinto.
Se inició inmediatamente una petición de anexión

mando *command*
vencer *to overcome*
anexión *annexation*

20 a los Estados Unidos, pero por razones políticas
internas ésta recién fue aprobada en 1845.

En las provincias de California y Nuevo México
la política fue semejante, pero el número de anglos no alcanzó el nivel necesario para imitar el

25 proceso texano. Los Estados Unidos tuvieron que
declarar la guerra en 1846 para conseguir esos
territorios. Con la ocupación de la ciudad de
México en 1847, el gobierno mexicano se vio
forzado a aceptar la pérdida de la mitad de su

30 país y el Tratado de Guadalupe Hidalgo fue firmado en 1848.

fue firmado *was signed*

Por este motivo, a más de 100.000 habitantes
mexicanos de esa región se les dio a elegir entre
irse a México o quedarse como ciudadanos es-

35 tadounidenses sin perder ni los bienes ni los derechos que tenían. Sin embargo, el gobierno norteamericano no se mantuvo completamente fiel
a esa promesa. Dos días después de haberse firmado el tratado llegó la noticia del descubri-

no . . . fiel *did not
remain . . . faithful*

40 miento de oro en California, lo que contribuyó
a aumentar la población de anglosajones de ese
estado. En Texas los anglos se aprovecharon de
las leyes norteamericanas para confundir la cues-

se aprovecharon *took
advantage of*
confundir *to confuse*

tión de la validez de los títulos de propiedad aun cuando éstos tenían origen en la época colonial de México.

validez *validity*

El territorio de Nuevo México, que era la región
5 menos poblada, no comenzó a recibir inmigración de los E.E. U.U. hasta después de 1848, y no fue hasta fines del siglo que los anglos llegaron a constituir una mayoría. La región desde Santa Fe hasta San Luis, Colorado, estaba poblada por
10 españoles que habían estado allí desde el siglo XVII y que en realidad no se habían sentido mexicanos después de la independencia. La región tenía un fuerte sentimiento español, y el hecho de que las misiones católicas habían sido su único
15 lazo con el mundo exterior dio carácter de conflicto religioso entre católicos y protestantes a las luchas entre «anglos» e «hispanos» que hubo durante el siglo XIX.

Sólo en el sur del estado de Arizona existió
20 cierta paz y amistad entre los dos grupos. Tal vez porque los ganaderos mexicanos y anglos tenían que enfrentar a otros enemigos, como el clima severo del desierto y los indios apaches, no se dedicaron a la lucha cultural o racial que carac-
25 terizó al resto del suroeste. Pero, hacia fines de siglo, con la llegada del ferrocarril y el descubrimiento de minerales valiosos, también estalló un conflicto en ese territorio.

enfrentar *to face*

Esta larga época de conflictos dio origen a una
30 serie de anécdotas sobre héroes culturales. En California, un minero chileno o mexicano[1] se rebeló contra las condiciones en que sus compañeros mexicanos vivían y emprendió una campaña de venganza; su nombre, Joaquín Murieta,
35 ha venido a simbolizar la resistencia del pueblo mexicano. En Texas un bandido llamado Juan Nepomuceno Cortina dominó una gran región

emprendió *undertook*
campaña *campaign*
venganza *revenge*

---

[1] un minero chileno o mexicano *The nationality of Joaquín Murieta is obscure. Many Chileans who had mining experience in Chile were attracted to California during the Gold Rush of the mid-nineteenth century. They, of course, tended to join the Mexican population so that all were considered Mexicans by the Anglo authorities.*

del sur del estado entre 1860 y 1875; para asegurarse del apoyo del pueblo adoptó una ideología antianglo. En Nuevo México, Elfego Baca, que era miembro de la policía territorial en So-
5 corro, apresó a un texano—cosa inaudita—y tuvo que resistir solo, durante dos días, el ataque de varios amigos del prisionero. Se cree que ese acto puso fin a la migración de texanos belicosos al territorio.

apresó *captured*
inaudita *unheard of*

belicosos *hostile*

10 La reacción de los anglos fue la venganza organizada de los «vigilantes» (es interesante—e irónico—el origen del nombre). Se calcula que hubo centenares de «linchamientos» de mexicanos en esta época. Los mexicanos muertos a
15 manos de los anglos llegaron a números espantosos puesto que en la opinión de muchos eso no era un acto criminal.

linchamientos *lynchings*

puesto que *since*

No sorprenderá que esta tradición violenta no haya conducido a una asimilación pacífica. Si los
20 mexicanos hubieran sido inmigrantes, se podría esperar la adaptación tradicional. Si ellos mismos hubieran pedido la incorporación de su tierra a los Estados Unidos, también se podría esperar que tuvieran una actitud favorable. Si se hubiera
25 seguido el artículo octavo del tratado, no habrían tenido reclamaciones contra el gobierno *norteamericano*. Si se les hubiera dado la oportunidad de adaptarse, hoy tal vez no habría problemas. Pero la historia es muy clara: fueron incorporados
30 a la fuerza, desposeídos de sus tierras y relegados a los trabajos más bajos. El resultado fue inevitable.

reclamaciones *claims*

desposeídos *dispossessed*
relegados *relegated*

II. Presencia de la cultura hispánica en el suroeste

Cualquier persona que haya viajado por los estados de Texas, Nuevo México, Colorado, Ari-
35 zona y California habrá visto que existe una fuerte influencia hispánica en los toponímicos, los apellidos, la arquitectura, la comida, y aún en la lengua oída en la calle o en la radio y en la plaza central de los pueblos pequeños. Si una ciudad

toponímicos *place names*

lleva un nombre inglés, se puede estar seguro de
que su origen es reciente. Un ejemplo es Phoenix,
en el estado de Arizona. Fue fundada a fines del
siglo XIX como parada del ferrocarril, mucho des-
5 pués de Casa Grande, Mesa, Ajo, Yuma, etc. Los
nombres de montañas—Guadalupes, Sangre de
Cristo, Sierra Nevada—y de ríos como el Río
Grande (llamado el Río Bravo en México), el
Brazos y el Pecos demuestran el origen de sus
10 descubridores. Varios nombres españoles de accidentes geográficos, como cañón, arroyo, o
mesa, han pasado al inglés por referirse a
fenómenos de esa región.

Tal vez es en el campo lingüístico donde ha
15 existido más intercambio pacífico entre las dos
culturas. Una serie de palabras españolas fueron
incorporadas al inglés como resultado de ciertas
condiciones comunes a todos los habitantes del
suroeste. En la cría de ganado los mexicanos
20 habían establecido una terminología que fue
adoptada por los anglos: *ranch* (rancho); *lasso*
(lazo); *lariat* (la reata); *buckeroo* (vaquero); *burro*
(burro); *corral* (corral); *hoosegow* (juzgado); *cal-
aboose* (calabozo); *vamoose* (vamos). Muchas
25 palabras españolas son usadas comúnmente en
inglés: patio, rodeo, plaza, fiesta, siesta, tornado.
La lista incluye también los nombres de plantas
indígenas (quinina, saguaro), de animales (puma,
coyote), de platos típicos (tacos, chile con carne),
30 de materiales de construcción (adobe), etc.

Claro que el español del suroeste muestra igual
influencia del inglés. Muchas palabras inglesas
son usadas en la lengua diaria y también hay
docenas de anglicismos, o sea palabras tomadas
35 del inglés y modificadas. Las palabras asociadas
con el automóvil—brecas, troca, parquear—frecuentemente derivan del inglés. Otro fenómeno
es el uso de una traducción literal cuando algo
no tiene equivalente adecuado en español: por
40 ejemplo, «escuela alta» *(high school)*, «chanza»
(chance) o «yarda» *(yard)*.

La influencia hispánica también se ve en la
arquitectura del suroeste. Es muy común allí el

parada *stop*

anglicismos *words from or like English*

brecas *brakes*
troca *truck*
parquear *to park*

estilo «español» en los edificios que fueron con-
struidos entre 1910 y 1930, cuando el estilo estaba de moda en California. Sin embargo, existen
numerosos ejemplos de auténtica arquitectura
5 española en las iglesias antiguas y en algunos
edificios preservados. Los elementos básicos de
esta arquitectura son: el adobe, los techos de tejas
y vigas de madera labrada, que no se cubren.
Paredes de adobe encierran el patio. El decorado
10 suele ser sencillo porque el adobe no se presta

de moda   *in style*
comprenden   *include*

techos   *roofs*
tejas   *tiles*
vigas   *beams*
encierran   *enclose*
decorado   *decor*
no se presta   *does not
     lend itself*

a las elaboraciones típicas de los edificios del sur de México. Las ventanas tienden a ser pequeñas y las paredes exteriores gruesas, tanto en las regiones cálidas como en las frías.

gruesas *thick*
cálidas *warm*

5 Las influencias españolas, en la lengua y en la arquitectura, son muy notables en todos los estados del suroeste y existen, aunque en menor grado, en los estados de más al norte. Se pueden encontrar marcadas distinciones entre una región 10 y otra. Hay por lo menos cinco regiones culturales hispánicas en el suroeste, debido a los patrones coloniales y luego al movimiento de los pobladores *norteamericanos* del siglo XIX. Geográficamente, estas regiones pueden identificarse así: 15 1) el sur de Texas; 2) la región que se extiende desde el noroeste de Texas hacia el sur de Nuevo México, Arizona y California; 3) la costa de California; 4) los grandes centros urbanos, creaciones del siglo XX; 5) la región del norte de 20 Nuevo México y el sur de Colorado.

debido a *due to*
patrones *patterns*
pobladores *settlers*

La primera de estas regiones fue poblada en la época colonial por los españoles. Como tenía tierra fértil, atrajo a los primeros anglosajones. Por su proximidad al centro de México, fue la región 25 más disputada en la guerra de 1846.

La segunda región, concentrada en la cría de ganado, tuvo un desarrollo más tardío, pero la llegada del ferrocarril lo aceleró. Es el sitio de las grandes haciendas, como el *King Ranch*. La re- 30 gión también se caracterizaba por los conflictos entre los nuevos pobladores, anglos y mexicanos, contra los indios guerreros.

tardío *late*

guerreros *warlike*

La costa de California era el lugar más poblado por los españoles y por los mexicanos después 35 de 1824. Su accesibilidad por mar contribuyó a la actividad, tanto comercial como misionera, de la colonia. Este mismo hecho facilitó la inmigración anglosajona a raíz del descubrimiento del oro en 1848, resultando además en la destrucción 40 de gran parte de la cultura antigua.

Las grandes ciudades del suroeste, Los Ángeles, Tucson, Albuquerque, Denver, El Paso, Laredo, San Antonio, reflejan una cultura hispánica nueva, formada por elementos y acontecimientos del siglo XX.

La región entre Santa Fe, Nuevo México y San Luis, Colorado, es la que ha preservado en su estado más puro la antigua cultura española. Estimulado por las historias de Cabeza de Vaca,[2] en 1539 el Virrey mandó a Fray Marcos de Niza acompañado por el moro Estebanillo en busca de las ciudades fabulosas de Cíbola y Quivira. Al año siguiente, la expedición de Coronado continuó la búsqueda, llegando hasta Kansas, antes de decidir que las leyendas eran mitos o mentiras de los indios. La región fue olvidada hasta 1598 cuando un rico de Zacatecas, Juan de Oñate, emprendió la colonización.

Después de fundar algunas poblaciones en la región de Santa Fe, los colonizadores tuvieron que pasar casi un siglo luchando contra los indios pueblos. Finalmente, en 1692, Diego de Vargas pudo establecer la paz. Es interesante notar que la colonia de Santa Fe fue la más segura de todo el suroeste porque era el único lugar poblado por indios sedentarios, los pueblos, en una situación bastante parecida a la del Valle de México. El resto del territorio vivía bajo el terror de los apaches y comanches, indios nómadas y guerreros.

Santa Fe existió como una colonia segura pero aislada de México. A causa de esta separación se creó una sociedad basada en las prácticas y costumbres del siglo XVII que cambió muy poco en años siguientes por falta de contactos culturales. El viaje de ida y vuelta desde Santa Fe hasta Chihuahua llevaba más de cinco meses, y a veces era usado como prueba para el joven que pidiera la mano de una señorita de la colonia. La población creció más por la asimilación de indios que por la llegada de nuevos colonizadores. Después de 1848, cuando el territorio se incorporó a los

búsqueda *search*
mitos *myths*
mentiras *lies*

aislada *isolated*

falta de *lack of*
de ida y vuelta *round trip*

pidiera la mano *asked for the hand*

[2] Cabeza de Vaca *Shipwrecked off the coast of Texas, Cabeza de Vaca wandered through much of the Southwest, living with the Indians and learning their legends, including that of the Seven Cities of Cíbola, all made of gold. He finally made it back to Mexico where he reported his adventures and stimulated further official expeditions.*

Estados Unidos, entró en contacto con la cultura anglosajona, aunque los habitantes persistían, como lo hacen hoy, en seguir su vida tradicional.

Los estudios folklóricos en esta región revelan
5 la existencia de poesías y canciones procedentes de la España medieval. También muestran todavía ejemplos de artes coloniales: los tejidos de Chimayó y los santeros[3] que labran imágenes de madera. Estas imágenes ejemplifican la mezcla de
10 las culturas española e indígena. Los que han estudiado la lengua de la región notan la presencia de formas antiguas que ya no existen en el español moderno.

En esta región no ha habido tantos conflictos
15 entre los hispanos y la sociedad anglosajona, probablemente como resultado de casi cuatro siglos de coexistencia comunal de las dos culturas.

santeros *saint carvers*

III. **Nuevas influencias del siglo XX**

La época entre 1900 y 1930 se caracterizó por
20 un intenso desarrollo económico en el suroeste y por una gran necesidad de trabajadores. La fuente natural era el norte de México, donde vivían miles de mexicanos desempleados. La construcción del ferrocarril, las cosechas del al-
25 godón, de frutas y legumbres en las tierras regadas por el Río Grande y de betabeles en Colorado y California, fue realizado por obreros mexicanos, como ya lo había sido el establecimiento de las industrias minera y ganadera. No
30 sólo fue el trabajo de los mexicanos, sino también sus conocimientos tecnológicos los que facilitaron este progreso. Los angloamericanos no conocían la técnica del riego que los españoles habían

desempleados *unem-
  ployed*
cosechas *harvests*
algodón *(m) cotton*
legumbres *(f) vegetables*
regadas *irrigated*
betabeles *(Mex.) sugar
  beets*
como . . . sido *as had
  been*

---

[3] los santeros *carvers of saints. A traditional art form involving the creation of images of saints either from wood or as paintings, frequently on metal. The santeros of northern New Mexico show the isolation from the mainstream of Mexican culture and the strong indigenous influence of the region.*

aprendido de los árabes ni las técnicas mineras
que se habían desarrollado en México en el siglo
XVI. El ferrocarril[4] tuvo que seguir las rutas ya
descubiertas por los mexicanos. Todo el progreso
5 del suroeste habría sido imposible o mucho más
lento sin la ayuda de la población hispánica.

En las tres primeras décadas del siglo la población mexicana de Texas creció en un mil por
ciento. El contrabando más importante de toda
10 la frontera consistía en obreros mexicanos; hubo
guerras de contrabandistas en las cuales se ro-
baban a los obreros como ganado. Hasta 1930
los mexicanos tenían fama de trabajadores dóciles
que harían cualquier tarea sin quejarse. En la
15 década del treinta, sin embargo, bajo la influencia
de organizadores sindicales, estallaron varias
huelgas de obreros agrícolas en California. Como
resultado hubo una tentativa de «repatriar» a
miles de mexicanos para reducir el número de
20 personas desempleadas. El único resultado de las
huelgas fue la supresión violenta, pero con todo,
fueron las primeras tentativas de protesta contra
la segregación y los abusos que pesaban sobre
ellos.
25 Los sindicatos nacionales, dirigidos por los trabajadores del este del país, no ofrecieron mucho
apoyo a los mexicanos. Al contrario, ayudaron
a mantener el nivel de vida como estaba, al establecer sueldos bajos para la gente de color y
30 los mexicanos. En toda la región se practicaba
esta clase de discriminación racial. Carteles en las
tiendas y restaurantes prohibían la entrada a los
mexicanos. Su situación se parecía mucho a la
de los negros en el sur.
35 Aunque las primeras huelgas y protestas fra-
casaron frente a la policía armada, prepararon la
escena para los movimientos de la posguerra que
lograron obtener algunas mejoras.

contrabando *smuggling*

dóciles *submissive*
quejarse *complaining*

sindicales *union*

repatriar *to repatriate (deport)*

pesaban sobre *burdened*

sueldos *salaries*

carteles *(m) signs*

---

[4] El ferrocarril *Unlike most railroads, the Southern Pacific was built not following other development but preceding it. The company stimulated the development of the region.*

IV. «La Raza»

Durante la Segunda Guerra Mundial muchas personas de la comunidad hispánica[5] sirvieron en las fuerzas armadas de los Estados Unidos con mucha distinción. Los que no fueron a la guerra se quedaron a trabajar en las fábricas y agencias de defensa. Por primera vez tuvieron contactos con la sociedad anglosajona en un nivel de igualdad nacida de la necesidad del momento. Todo esto despertó en ellos una nueva conciencia de sus derechos y posibilidades. Los veteranos volvieron menos dispuestos a tolerar la discriminación racial y con ganas de mejorar su suerte. Además, durante la guerra, el gobierno federal, que necesitaba mantener buenas relaciones con México, había tratado de evitar la discriminación en el suroeste. Se deseaba evitar la posibilidad de incidentes como el que ocurrió cuando un restaurante en Texas se negó a servir al cónsul mexicano en Houston. Estos incidentes sirvieron para crear un clima más propicio para la protesta y para la organización de las minorías.

Sin embargo, hubo poca actividad organizada hasta 1965 cuando en California se oyó de nuevo el grito de ¡Huelga! entre los obreros agrícolas. Bajo la dirección tanto práctica como espiritual de César Estrada Chávez, el 16 de septiembre de 1965 (el día de la independencia mexicana)[6] fue proclamado el Plan de Delano. La huelga de los trabajadores campesinos despertó el interés de miles de personas, especialmente entre los jóvenes.

nacida *born*

ganas *desire*
suerte *(f) fortune*

se negó a *refused to*

propicio *favorable*

de nuevo *again*
grito *cry*

campesinos *of the farms*

---

[5] personas de la comunidad hispánica *There is no universally applicable name either in English or Spanish for the people of Spanish ancestry in the United States. Many have been used, Mexican-American being perhaps the most widely accepted. Mexican, Hispano, Spanish-American and Latin American all are ambiguous because of their confusion with foreign areas;* Chicano *and* "La Raza" *imply a somewhat political grouping unacceptable to some members. Government agencies tend to use* "Spanish-surnamed" *because of its factual basis. A recent survey showed* mexicano *to be most acceptable as a self-referent by people in Texas, Arizona and California. In Spanish, of course, that is confusing, as is* mexicanoamericano.

[6] el día de la independencia mexicana *Mexico declared its independence from Spain on September 16, 1810. A priest in Dolores,* Padre Hidalgo, *gave what is called* "El grito de Dolores" *on that day. Many Chicano groups in the U.S. celebrate that day as a show of cultural independence.*

El Plan era un documento sencillo que proclamaba la solidaridad de los campesinos mexicanos. Marcó el principio de una serie de acciones
dedicadas a mejorar las condiciones del obrero.
5 Chávez formó un sindicato de campesinos unidos
en una gran fuerza espiritual e idealista. «La
Causa» rápidamente ganó el apoyo de muchos
habitantes urbanos y creó el término «chicano»,
de origen desconocido, que fue utilizado para
10 referirse a los adherentes al movimiento. En la
década siguiente, a pesar de la oposición de los
que recordaban «chicano» como una palabra peyorativa, ésta ganó más popularidad.

    Al extenderse el movimiento a otras regiones
15 del suroeste se adoptó otro término antiguo: «La
Raza». Según algunos, el origen de la expresión
se encuentra en la misión dada a los españoles
en la época de la conquista de formar «La Santa
Raza», es decir, de llevar la fe católica a los pue-
20 blos de América. Como quiera que sea el término
«La Raza» se ha aplicado genéricamente a la tradición hispánica para distinguirla de la anglosajona. La expresión tiene un significado semejante
en toda Hispanoamérica donde se celebra el día
25 12 de octubre (que en los Estados Unidos se
llama *Columbus Day*) como «El Día de la Raza».

a pesar de *in spite of*
peyorativa *derogatory*

Como quiera que sea
However, at any rate

En 1968 este término alcanzó popularidad cuando se formó un partido político llamado «La Raza Unida». El fundador del partido, Rodolfo "Corky" Gonzales, un hombre carismático, fue
5 antes un miembro del Partido Demócrata de Denver y oficial de varias agencias cívicas contra la pobreza. Gonzales se desilusionó con la política traditional y creó «La Cruzada para la Justicia». Su organización se ocupa principalmente de la
10 pobreza urbana y ha sido identificada con métodos violentos de protesta, aunque él mismo rechaza la violencia.

Gonzales también se ha interesado en la poesía: escribió un poema épico, *Yo soy Joaquín,*
15 que es una de las obras más conocidas de la literatura chicana. Esta afición también caracteriza sus esfuerzos en «La Cruzada». Además de sus actividades sociopolíticas, su oficina también auspicia una galería de arte chicano, un teatro chi-
20 cano y una biblioteca.

Debido a los movimientos de Chávez entre los campesinos y de Corky Gonzales en los barrios urbanos,[7] se ha experimentado el despertar de una nueva conciencia de la Raza entre estos
25 elementos.

En la antigua provincia de Nuevo México los problemas fueron diferentes porque la gente tenía relativamente poco contacto con el mundo exterior. Esto dio origen al movimiento más violento
30 y más debatido del suroeste: la Alianza Federal de los Pueblos Libres[8] de Reies López Tijerina. Basándose en el Tratado de Guadalupe Hidalgo y en las mercedes reales de los reyes de España, Tijerina se dedicó a conseguir los derechos del
35 pueblo. Hacia fines del siglo XIX los inmigrantes

se desilusionó *became disillusioned*

él mismo *he himself*
rechaza *rejects*

afición *inclination*

auspicia *sponsors*

debatido *controversial*

Basándose *Based on*
mercedes *(f) grants*
reales *royal*

---

[7] los barrios urbanos *The term* barrio, *which means simply "neighborhood" or "city subdivision" in Spanish, has come to mean the "Chicano ghetto" among the followers of the movement. It is used to refer to both the bad aspects—poverty, crime, etc.—and the cultural unity implied by geographical community.*

[8] La Alianza Federal de los Pueblos Libres *The Federation of Free City–States. This name reflects the basic concept advanced by Tijerina that these cities are not subject to U.S. law because of ancient rights contained in the original land grants, guaranteed by Article Eight of the Treaty of Guadalupe Hidalgo.*

angloamericanos habían usado las leyes norteamericanas sobre la propiedad para tomar las tierras que querían. La justificación era que la tierra no se utilizaba bastante. Los habitantes hispánicos,
5 en cambio, no entendían las instituciones americanas ni los impuestos sobre la propiedad. Además, en 1870, el gobernador del territorio había destruido la mayoría de los antiguos documentos de propiedad.

10   Tijerina nació en Texas en 1923. Uno de diez hijos, vivió un tiempo como trabajador emigrante. *emigrante migrant*
Un día, sin embargo, tuvo una experiencia religiosa: soñó que había sido elegido de Dios para sacar a su pueblo de la pobreza. Hizo estudios
15 religiosos y al mismo tiempo comenzó a investigar la historia de las tierras concedidas por los reyes en el norte de Nuevo México. Así se dio cuenta de que un abogado, Thomas B. Catron, había ganado 600.000 acres en Tierra Amarilla, Nuevo
20 México, con un documento oficial de Santa Fe. Tijerina decidió establecerse en ese pueblo e inició su Alianza bajo el concepto de que la gente del pueblo no tenía que someterse a la jurisdic- *someterse to subject* ción del gobierno. Después de unos años de *themselves*
25 manifestaciones pacíficas sin resultado, formó el «Pueblo Libre de Tierra Amarilla» con su propio gobierno. Con un ataque al centro municipal, empezó la violencia. Tijerina, actuando como su propio abogado, pudo ganar su libertad, pero
30 poco después fue encarcelado por haber des- *encarcelado jailed* truido un letrero del bosque nacional. La Alianza *letrero sign* desapareció rápidamente, pero Tijerina siguió *bosque (m) forest* obrando de acuerdo con su visión religiosa. Sus *obrando working* actividades alentaron a varios abogados de con- *alentaron stimulated*
35 ciencia social a seguir trabajando a favor de los derechos de los habitantes de la región.

    Los movimientos encabezados por estos tres hombres, Chávez, Gonzales, y Tijerina, representan sólo lo más espectacular del nuevo espíritu
40 de la Raza. Otras miles de personas se dedican al aburrido trabajo diario de llamar la atención *aburrido boring* de las autoridades sobre la discriminación y la falta de perspectiva para las personas de origen *perspectiva prospects*

hispánico. A veces tienen éxito, otras no, pero su inspiración asegura la permanencia del movimiento.

asegura *assures*

Si existe un punto común en todos estos mo-
5 vimientos es tal vez el concepto de Aztlán. En la leyenda azteca Aztlán era el lugar de origen de la tribu. Ésta vino del norte y se ha teorizado que Aztlán era más o menos la región que ocupan hoy los estados del suroeste de los E.E. U.U. En
10 1969 un grupo de jóvenes chicanos formuló el «Plan Espiritual de Aztlán» a fin de dar alguna unidad geográfica, racial y cultural a los diversos movimientos. El plan habla de «La Raza de Aztlán», que incluye a todos los habitantes de pro-
15 cedencia hispánica del suroeste sin distinciones de clase económica o social. Proclama que la base del progreso para «La Raza» es el tipo de nacionalismo cultural que puede aportar un sentimiento de orgullo y dignidad a los esfuerzos
20 políticos y económicos. Para alcanzar este orgullo es preciso tener cierto control económico. El Plan de Aztlán sirve como un ideal, algo que tiene más efecto que una simple petición de ayuda económica. Muchas personas no apoyan este
25 concepto por incluir la idea de separatismo de la cultura anglosajona y estar contra el ideal de asimilación cultural. Los que sí apoyan el plan lo interpretan como una proposición de coexistencia de dos culturas. La asimilación no les atrae.

diversos *various*

procedencia *origin*

petición *request*

EJERCICIOS

I. Preguntas

1. ¿Cómo llegó a residir en los Estados Unidos la gente de habla española? 2. ¿Cuál es el porcentaje de estos habitantes en el suroeste? 3. ¿Cómo lograron los Estados Unidos incorporar las tierras mexicanas? 4. ¿Cuánto territorio perdió México en la guerra de 1848? 5. ¿De qué siglo data la cultura hispánica del norte de Nuevo México? 6. ¿Qué nombre simboliza la resistencia en California en el siglo XIX? 7. ¿Ha viajado usted por el suroeste

de los Estados Unidos?   8. ¿Puede usted dar nombres de ciudades de esa región que proceden del español?   9. ¿Cuáles son algunas palabras españolas usadas comúnmente en inglés?   10. ¿Cuántas regiones distintas hay en la cultura hispánica del suroeste? 11. ¿Cuándo se poblaron el oeste de Texas y el sur de Nuevo México, Arizona y California?   12. ¿Quién fue Cabeza de Vaca?   13. ¿Por qué era la colonia de Santa Fe la más segura?   14. ¿Por qué se necesitaban obreros en el suroeste en el período 1900–1930?   15. ¿Ha trabajado usted en el campo?   16. ¿Le gustaría ir a trabajar a México?   17. ¿Qué técnicas aprendidas de los mexicanos facilitaron el progreso del suroeste?   18. ¿Ha participado usted en alguna huelga? 19. ¿Cuál fue la primera oportunidad de contacto igualitario entre las dos culturas?   20. ¿Qué es «La Causa»?   21. ¿Por qué rechazan algunos la palabra chicano?   22. ¿Quién es Rodolfo Gonzales?   23. ¿Cuál era la base de los esfuerzos de Tijerina? 24. ¿Cree usted que es bueno el concepto de Aztlán?   25. ¿Qué era Aztlán?

II. Puntos de contraste cultural

1. ¿Cree usted que se debe exigir a la gente de habla hispana en los Estados Unidos la misma actitud que se exige a otros inmigrantes?
2. ¿Por qué existe tanto intercambio lingüístico en la frontera entre dos culturas?
3. El relativo aislamiento de la región de Santa Fe desde el siglo XVII ayudó a impedir el desarrollo de la lengua. ¿Sabe usted de alguna región de los Estados Unidos donde haya ocurrido algo semejante con el inglés?
4. ¿Cree usted que se debe observar hoy día el derecho a la tierra que tuvo su origen en las mercedes reales del siglo XVII?
5. ¿Cuál cree usted que es mejor, el ideal de asimilación o el de coexistencia cultural? ¿Tiene eso algo que ver con la raza o con el dominio de una cultura sobre otra?

III. Ejercicios de vocabulario

A. Dar dos palabras relacionadas.

MODELO: tierra *territorio, terreno*

1. poblar   _____ , _____
2. migración   _____ , _____

3. incorporar   _____ , _____
4. adaptar   _____ , _____
5. obrar   _____ , _____

B. Indicar los sinónimos.

1.	sueldo	a.	declarar
2.	destino	b.	afición
3.	proclamar	c.	letrero
4.	adherentes	d.	guerrero
5.	cartel	e.	exigir
6.	bienes	f.	salario
7.	reclamar	g.	aumentar
8.	ampliar	h.	miembros
9.	belicoso	i.	propiedad
10.	inclinación	j.	suerte

C. Completar con la forma apropiada de la palabra entre paréntesis.

1. (incluir) Es común la _____ de palabras españolas en el inglés.
2. (geografía) Hay cinco regiones _____ .
3. (espíritu) Formularon el Plan _____ de Aztlán.
4. (ganado) Estimularon la industria _____ .
5. (frontera) Poblaron las provincias _____ sobre la región.
6. (folklore) Han hecho estudios _____ .
7. (por ciento) Hay un gran _____ de personas desempleadas.
8. (oscuro) La palabra «mexicano» _____ la nacionalidad estadounidense de la persona.
9. (acontecer) Los _____ en Delano crearon una nueva conciencia en el país.
10. (ejemplo) Este arte _____ la mezcla de culturas.

IV. Ejercicios de composición

A. Escribir un párrafo sobre:

1. La incorporación de los mexicanos del suroeste a la sociedad norteamericana.
2. Las contribuciones hispánicas al vocabulario inglés.
3. Las distintas regiones hispánicas del suroeste.
4. La cultura del norte de Nuevo México y del sur de Colorado.
5. El Plan Espiritual de Aztlán.

B.   Dar su opinión personal sobre:

1.   La asimilación versus la sociedad multi-cultural.
2.   La violencia como método de ganar los derechos.
3.   El problema de los trabajadores mexicanos ilegales.
4.   El papel del gobierno federal en el problema racial.
5.   Semejanzas y diferencias entre las minorías hispánicas y las otras.

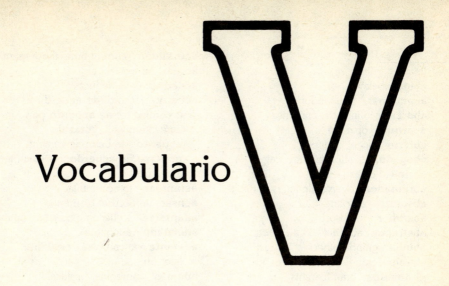

Vocabulario

This vocabulary does not include Spanish words that are exact cognates of English ones. The gender of nouns is listed except masculine nouns ending in **-o** and feminine nouns ending in **-a, -dad, -tad, -tud,** or **-ión.** Adverbs ending in **-mente** are not listed if the adjectives from which they are derived are included.

Abbreviations

adj	adjective	*part*	participle
adv	adverb	*pl*	plural
Am	American	*pret*	preterite
f	feminine	*pron*	pronoun
fig	figurative	*refl*	reflexive
m	masculine	*subj*	subjunctive
n	noun		

A

abajo below
abandonar to abandon
abarcar to include, comprise
abertura opening
abierto open; opened
abogado,-a attorney, advocate
abrir to open
abrumador overwhelming, wearying
absoluto absolute
absorber to absorb
abstracto abstract
abuela grandmother
abuelo grandfather; **los abuelos** grandparents
abundancia abundance, plenty
abundante abundant, plentiful
abundar to abound, be plentiful
aburrido bored; boring
abusar to abuse
abuso abuse
acabar to end up; to have just
académico academic
acariciar to caress
acceder to accede, give in
accesibilidad accesiblity
acción action; act
acelerar to speed up, accelerate
aceptar to accept, admit
acerca (de) about, regarding
acercarse to approach
aclarar to clarify
acompañar to accompany, go along
acontecer to happen, occur
acontecimiento event, occurrence
acorazado battleship
acortar to shorten, cut short
acostar to put to bed
acostumbrado accustomed; customary
acostumbrarse (a) to be used to; to customarily (+ verb); to become accustomed to
actividad activity
activo active
acto act; action
actriz *f* actress
actual current, present, contemporary

actualidad current time, the present
actuar to act, act as
acueducto aqueduct
acuerdo accord; **de acuerdo a** according to; **de acuerdo con** in agreement with; **estar de acuerdo** to be in agreement; **ponerse de acuerdo** to reach an agreement
acumular to accumulate
acusar to accuse, blame
adaptarse to become adapted, adapt
adecuado adequate
adelante ahead; **más adelante** later on
además moreover, besides, in addition; **además de** in addition to
adherente *m or f* supporter, adherent
adhesión support, belief in
administrar to administer, run
administrativo administrative
admirable wonderful, awesome
admitir to admit; to allow; to accept
adobe *m* adobe (brick made of clay and straw)
adoptar to adopt, take up
adorar to worship
adorno decoration, adornment
adquirir to acquire
adquisición acquisition
aduana customhouse; customs
adueñarse to take over, acquire
adulto,-a *noun and adj* adult
aéreo *adj* air
aeropuerto airport
afición inclination; fondness; taste
afinidad affinity, resemblance
afirmación assertion, affirmation
afirmar to affirm, assert
afuera *adv* outside
afueras *f* outskirts
agencia agency, bureau
agotar to exhaust, dry up, run out
agrario agrarian, agricultural
agravarse to become worse
agresión aggression
agresivo aggressive
agrícola *m or f* agricultural

aguardiente *m* brandy, liquor
águila eagle
ahogado,-a drowned person
ahorrar to save (as money)
aire *m* air; **al aire libre** outside, in the open air
aislado isolated
aislamiento isolation
ajedrez *m* chess
alcachofa artichoke
alcalde *m* mayor
alcanfor *m* camphor
alcanzar to reach; to achieve; to gain; to catch up with
alcázar *m* castle; fortress
alcoba bedroom, alcove
alegar to allege, claim, offer
alejarse to move away, leave
alemán,-mana *n and adj* German
alentar to encourage, inspire
alfabetismo literacy
alfabeto alphabet
alfalfa alfalfa
alfombra carpet
alfombrar to carpet
algo something; *adv* somewhat
algodón *m* cotton
alguien *pron* someone
algún, alguno,-a someone;
   algunos,-as some
aliado,-a *adj* allied; *n* ally
alianza alliance
aliar to side with, ally with
aliento vigor, activity
alimento food, nourishment
aliviar to alleviate, lessen
alma soul, spirit
almacén *m* department store; warehouse
almohada pillow, cushion
almuerzo lunch
alpinismo mountain climbing, hiking
alquimia alchemy
alrededor (de) around
alternativa *n* alternative
alto high, tall
altura altitude, height
alumno,-a pupil, student
allegado *m* having arrived
allí there, over there

amante *m or f* lover, mistress
amar to love
amarillo yellow
ambiente *m* environment; atmosphere
ambigüedad ambiguity
ambos,-as both
ambulante *adj* walking, strolling
amenaza threat
amenazar to threaten
amistad friendship
amo,-a master, mistress
amontonamiento crowding
amor *m* love
amoroso amorous
ampliado widened, broadened, enlarged
ampliar to widen, broaden, enlarge
Anáhuac *m* Aztec name for valley around Mexico City
anciano old, elderly
ancho wide
andaluz,-a of or from **Andalucía**; Andalusian
anécdota anecdote, story
anexar to annex
anexión annexation
anglicismo Anglicism, word borrowed from English
anglo,-a person of English descent
anglosajón,-a Anglo Saxon
ángulo angle
anhelo desire, eagerness
animar to stimulate, encourage
anonimidad anonymity
anónimo,-a anonymous
antagónico,-a antagonistic, contrary
ante before, in the presence of
antemano: de antemano beforehand
antepasado,-a ancestor, predecessor
anterior previous, preceding; former
antes (de) before, earlier; **antes que** rather than
anticipar to anticipate, expect
antiguo,-a old, ancient, antique; former, prior
antropología anthropology
antropólogo,-a anthropologist
anunciar to announce

anuncio announcement, advertisement
añadir to add
año year
aparato apparatus, machine
aparecer to appear
apariencia appearance
apartado,-a distant; separated
apartamento apartment
aparte *m or f* separate
apellido surname, family name
apenas barely, hardly, just, only
apertura opening
apetito appetite
aplicar to apply
apoderarse to take control
aportar to contribute, add
apoyar to support, uphold, aid
apoyo support, aid
aprender to learn
apresar to take prisoner
aprobación approval
aprobar (ue) to approve; to pass (a course, etc.)
apropiado,-a appropriate
aprovechar(se) to take advantage of
aquel, aquella that; **aquellos,-as** those
aquí here
árabe *m or f* Arabic; Arab
arabesco arabesque
arábigo,-a *adj* Arabic, Arabian
árbol *m* tree
área region, area
árido,-a arid, dry, barren
arma weapon; *pl* arms
armado,-a armed
arqueólogo archaeologist
arquitectura architecture
arrepentirse to repent
arriba above, up
arriesgar to risk
arrogancia arrogance
arroyo stream, brook
arte *m or f* art; skill
artículo article
artista *m or f* artist
artístico,-a artistic
asamblea assembly
ascendencia origin, ancestry

asegurar to assure; **asegurarse** to make sure; to satisfy oneself
asemejarse to be similar
asentar to place, seat
asesinar to murder
asesinato murder
asesino,-a murderer
así thus, in this manner, so, that way; **así que** therefore
asilo asylum
asimilar to assimilate, incorporate
asistencia attendance
asistente *m or f* one who attends
asistir to attend
asociarse to associate, be related
asombro awe, wonder
aspecto aspect, look
astronomía astronomy
astronómico,-a astronomical
asumir to assume, take upon oneself
asunto matter, subject, affair
asustar to scare, startle
atacar to attack
ataque *m* attack
ataúd *m* coffin
Atenas Athens
atractivo,-a attractive; *n m* attraction
atraer to attract
atrajo *pret of* **atraer**
atribuir to attribute
atributo attribute, characteristic
atrocidad atrocity
aumentar to increase, augment, grow
aumento increase, growth
aun; aún still, yet, even
aunque although, even though
ausencia absence
auspiciar to sponsor
autocrático,-a autocratical
autonomía autonomy, independence
autónomo,-a autonomous
autor,-a author
autoridad authority; *pl* officials
autorización authorization, permission
autorizar to authorize, permit
avanzado,-a advanced
avenida avenue

aventura adventure
ayuda help, aid
ayudante *m or f* assistant, helper;
 adj m or f helping
ayudar to help, aid, assist
azar whim; **al azar** at random
Aztlán legendary place of origin of
 the Aztecs—sometimes thought to
 be the southwestern U.S.
azúcar *m* sugar
azucarero,-a relating to sugar
azucena lily
azul blue, azure
azulado,-a colored blue
azulejo glazed tile

—— **B** ——

bachiller *m or f* bachelor (holder of
 degree)
bachillerato bachelor's degree
bahía bay
baile *m* dance
bajar to descend, go down
bajo,-a low; **bajo** *adv* beneath,
 under
bancario,-a relating to banking;
 financial
banco bank, financial institution;
 bench
banda band (mus.)
bandido bandit
barato,-a inexpensive, cheap
barba beard
barbarie *f* barbarousness; ignorance
barril *m* barrel
barrio neighborhood, section or
 district of a city
basarse (en) to be based on
base *f* base, basis
básico,-a basic, fundamental
bastante enough, sufficient; *adv*
 quite, rather
batalla battle
bautismo baptism
bautizado,-a baptized
beber to drink
bebida drink
belicoso,-a warlike, bellicose

belleza beauty
bello,-a beautiful, pretty
beneficiar to benefit
beneficio benefit
benévolo,-a benevolent, beneficial
betabel *m* beet
biblioteca library
bien well; **más bien** rather; **los
 bienes** wealth, goods
bienestar *m* well-being
billón *m* billion
blanco target; white
Boabdil last Moorish ruler in
 southern Spain
boca mouth
boda wedding
bomba bomb
bosque *m* forest, woods
botánica *noun* botany;
 botánico,-a *adj* botanical
bravo,-a wild, savage
brecas *n f pl dialect* brakes
brecha breach, gap
breve *m or f* brief
brillante *m or f* brilliant, shining
brillar to shine
brillo shine, brilliance
brote *m* outbreak, bud
buen, bueno,-a good; *adv* well
burlarse (de) to mock, laugh at
burocracia bureaucracy
burro donkey
busca search; **en busca de** in
 search of
buscar to look for, seek, try to
búsqueda search

—— **C** ——

cabeza head
cabo end; **llevar a cabo** to carry
 out, complete
cada *m or f* each, every; **cada vez
 (más)** more and more
cadáver *m* corpse, dead body
caer to fall
café *m* coffee; café
caída fall; downfall
calabozo dungeon, jail

calavera skull
calcular to calculate, figure
calendario almanac, calendar
calidad quality
cálido,-a warm, tropical
califa *m* caliph, Moslem ruler
calificar to grade (exams, etc.)
calor *m* heat, warmth
calle *f* street
callejero,-a street *adj*
cambiar to change; to exchange
cambio change; **a cambio de** in exchange for; **en cambio** on the other hand
caminante *m or f* walker, traveller
caminar to walk, travel, go
camino road, street, way
campaña campaign; countryside
campesino,-a *noun or adj* peasant, rural
campestre *adj* rural, country
campo country, field; campus
canción song
candidato,-a candidate
canoa canoe
canonizado,-a canonized, admitted to sainthood
cantar *m* song
cantar to sing
cantidad quantity
caña sugar cane
cáñamo hemp
cañón *m* canyon
capacidad capacity; ability
capital *m* capital, money; *f* capital city
capitalista *m or f* capitalist
capítulo chapter
cara face; side
carácter *m* character, nature
característico,-a *adj* characteristic; *n f* trait
caracterizar to characterize
carga load, burden
cargar to carry; to load
Caribe *m* the Caribbean
caridad charity
carisma *m* charisma, personal magnetism

carismático,-a charismatic
carnaval *m* carnival, esp. the week before Lent, Mardi Gras
carne *f* meat, flesh
carnicería meat market
caro,-a expensive, dear
carrera career; race; course
carta letter; decree
cartel *m* poster
casa house; home; firm
casarse to marry, get married
casi almost, nearly
caso case, occurrence
castellano,-a Castilian; *n m* Spanish language
castidad chastity
castigo punishment
castillo castle
cataclismo disaster, cataclysm
catalán,-a Catalonian; *n m* the language of Catalonia
catedral *f* cathedral
categoría category; status, rank
catolicismo Catholicism
católico,-a Catholic
caudal *m* abundance, volume of water
caudaloso,-a abundant, voluminous
causa cause, movement; **a causa de** because of
causar to cause
cayera *past subj of* **caer**
ceder to cede, turn over; given in
celebrar to celebrate; to praise
celestial *m or f* heavenly, celestial
celo zeal
celtíbero,-a Celtiberian
cementerio cemetery, graveyard
cena dinner, supper
cenar to eat dinner
ceniza ash, ashes
censurar to censure; to criticize
centenar *m* hundred count; *pl* hundreds
centro center; downtown; middle; headquarters
Centroamérica Central America—the region from Guatemala to Panama

cerámica ceramics

cerca (de) nearly, close to; **de cerca** closely, close

cercano,-a nearby

ceremonia ceremony

cero zero

cerrar to close, shut

certificado certificate

ciclo cycle

cielo sky, heaven

ciencia science

científico,-a scientific

ciento hundred; **por ciento** per cent

cierto,-a certain, sure, a certain; **es cierto** it is true; **lo cierto** the truth

cifra number; cipher

cine *m* movies, movie theater

cinismo cynicism

circo circus

círculo circle

circunstancia circumstance

cirugía surgery

cita date, appointment

ciudad city

ciudadano,-a citizen

cívico,-a civic, civil

claro,-a clear; **claro que** of course

clase *f* class, type, kind

clásico,-a classic, classical

clasificar to classify, characterize

clavar to bury arms (a knife, sword, etc.)

clero clergy, clergyman

cliente *m or f* customer

clima *m* climate

cocina kitchen

códice *m* codex; an original manuscript

coexistencia coexistence

coincidir to coincide, happen simultaneously

colega *m or f* colleague, cohort

colegio secondary school

colibrí *m* hummingbird

colocar to place, locate

colombino,-a of or belonging to Columbus; **precolombino** before the arrival of Columbus

Colón Columbus

colonia colony

colonización colonization, settlement

colonizar to colonize, take or settle colonies

colono colonist, settler

color *m* color; **gente de color** blacks

colorado,-a *adj* red

coloso Colossus, giant

columna column

combatir to fight

combinar to combine, join

comenzar to begin, start

comer to eat

comercio commerce, business

comestible *m* foodstuff, edible substance

cometer to commit

comida food; meal

como as, like, how, about; **¿cómo?** how? what?

comodidad comfort

cómodo,-a comfortable

compañero,-a companion, comrade

compañía company

comparación comparison

comparar to compare

compartir to share; to divide

competencia competition

competir to compete

complejo,-a complex, complicated

completar to complete

completo,-a complete, whole

componer to compose, make up; to fix

comportarse to behave oneself, act

compra purchase

comprar to buy, purchase

comprender to understand

comprensión comprehension, understanding

comprobar to prove, verify

comprometer to compromise; to commit

común *m or f* common, ordinary, customary

comunidad community; commonness

comunismo communism
comunista *m or f* communist
concebir to conceive
conceder to concede
concentración concentration
concentrar to concentrate
concepto concession; grant
conciencia conscience; consciousness
concierto concert; agreement
concluirse to conclude, come to an end
concha seashell, shell
condenar to condemn
condominio condominium
conducir to conduct, lead
conducta conduct, behavior
condujo *pret of* **conducir**
conectar to connect, join
confesar to confess, admit
confianza confidence, trust
conflicto conflict, struggle
confundir to confuse, confound
conjunto group, system, aggregate
conocer to know, be acquainted with
conocido,-a known, well-known
conocimiento knowledge, skill
conquista conquest, conquering
conquistador,-a conqueror; *adj* conquering
conquistar to conquer, subdue
consagrar to consecrate, hallow, dedicate
consciente *m or f* conscious, aware
consecuencia consequence
conseguir to attain, get, obtain, succeed in
consejero,-a adviser, counsellor
consejo advice
conservador,-a conservative
conservar to conserve, preserve
considerar to consider, think over
consistir to consist, be made up of
consolador,-a consoling
consolar to console
constante *n f* constant; *adj* constant, continual
constituir to constitute, make up
construir to build, construct
consuelo consolation

consulta consultation
consultar to consult
consumir to consume
consumo consumption
contacto contact
contaminado,-a contaminated
contar (ue) to count; to count on; **contar con** to depend on, rely on
contemporáneo,-a contemporary, current
contener to contain
contenido *n* content
contestar to answer, respond
contexto context
continente *m* continent
continuar to continue
continuo,-a continuous
contra against
contrabandista *m or f* smuggler
contrabando contraband, smuggled goods
contraer to contract; to acquire
contrario,-a contrary, opposed
Contrarreforma Counter-Reformation
contrastar to contrast, distinguish
contraste *m* contrast, difference
contratar to make a contract
contribución contribution
contribuir to contribute
control *m* control
controlar to control, dominate
convencer to convince
convenio agreement, compact
convenir to suit, fit
convertir to convert, change
convivencia act of living together
convivir to live together
cooperación cooperation
cooperar to cooperate, join in
coordinar to coordinate
copla couplet, verse
corazón *m* heart; nerve center
corolario corollary
corona crown; monarch
corral *m* corral, yard
corresponder to correspond, fit
correspondiente *m or f* corresponding
corrida bullfight

corriente ƒ current; *adj* common, current
cortar to cut
corte ƒ royal court
cosa thing; matter, affair
cosecha crop, harvest
cosmopolita *n m ƒ,*
  adj cosmopolitan
costa coast
costar (ue) to cost
costo cost
costumbre ƒ custom, habit, tradition
cotidiano,-a everyday, daily
cráneo skull
creación creation
creador,-a creator
crear to create
crecer to grow, increase
creciente *m or ƒ* growing
crecimiento growth
creencia belief
creer to believe
cría raising, breeding, rearing
crimen *m* crime
criollo,-a Creole, person born in the colonies of Spanish parents
cristianización conversion to Christianity
cristianizar to convert to Christianity
criterio criterion
crítica criticism
criticar to criticize
crítico,-a critic
crónico,-a chronic
cronista *m or ƒ* chronicler, historian
cruce ƒ intersection
cruz ƒ cross
cruzada crusade
cuadrado,-a square
cual which, as, like; **el (la) cual** the one who, who; **¿cuál?** which? which one? what?
cualquier,-a *pron* any, whichever, any one
cuando when, whenever
cuanto,-a as much as; *pl* as many as; **¿cuánto?** how much?, *pl* how many?
cuaresma Lent
cuarto room; **cuarto,-a** *adj* fourth

cubrir to cover
cuchillo knife
cuenta account; **darse cuenta de** to realize
cuentista *m or ƒ* writer of short stories
cuento story, short story
cuerpo body
cuestión matter, subject, question
cuidado care, caution
cuidadoso,-a careful, cautious
cuidar to care for, take care of
culpa blame, fault
culpar to blame, place guilt
cultivar to grow, farm, develop
cultivo cultivation, farming
culto,-a cultured, sophisticated; *n m* cult
cultura culture; politeness
cumbre ƒ summit, top, height
cumpleaños *m pl* birthday
cumplir to fulfill, perform, obey
cuna cradle
cuñao *dialect* **cuñado** brother-in-law
cura *m* priest
curado,-a cured
curiosidad curiosity
curioso,-a curious
cursar to follow a course
curso course; degree requirements
cuyo,-a whose

CH

Chaco area of jungle around border between Paraguay and Bolivia
chanza *dialect* chance
charlar to chat
che *Argentina* pal, buddy
chicano,-a word used to refer to person of Mexican heritage in the U.S.
chico,-a youngster, youth; *adj* small
chileno,-a Chilean
choque *m* shock, collision, clash

D

danza dance (style or type)

daño harm
dar to give, render
dársena harbor, dock
datar to date, set in time
debatir to debate, discuss
deber to owe; must, ought; *n*
  m debt, duty, obligation
debido (a) due (to)
débil *m or f* weak
debilidad weakness
década decade
decadencia decadence, decay
decaer to decay
decididamente decidedly
decidir to decide
decir to say; **es decir** that is to say;
  querer decir to mean; *n*
  m saying
decisión decision
decisivo,-a decisive
declaración declaration
declarar to declare
decorado decoration, adornment
decorativo,-a decorative
dedicar to dedicate
defecto defect
defender to defend
defensa defense
definición definition
definir to define, outline
defunción death, demise
dejar to leave, permit, let
delante ahead, in front; **por**
  delante in front of
demandar to demand
demás: lo demás the rest
demasiado *adv* too, too much;
  demasiado,-a *adj* too much
demócrata *m or f* democrat
democrático,-a democratic
demográfico,-a demographic
demostrar to demonstrate, show
denominar to call, give a name to
dentro (de) in, into, inside (of)
dependencia dependence
depender (de) to depend (on)
deponer to depose
deporte *m* sport
depositar to deposit
depósito deposit

deprimido,-a depressed
derecho legal right, privilege, law
derivar to derive, trace (from the
  origin)
derribar to overthrow, tumble, tear
  down
derrocar to defeat
derrota defeat
derrotar to defeat
desacostumbrar to break of a habit
desafiar to challenge
desafio challenge, duel; struggle
desagradable disagreeable
desalentar to discourage
desaparecer to disappear
desaprobar to fail, condemn
desarrollar to develop, improve
desarrollo development, evolution
desastre *m* disaster
desastroso,-a disastrous, wretched
descansar to rest
descanso rest
descender to descend, come from
descendiente *m or f* descendent;
  adj descending
desconfianza mistrust, suspicion
desconfiar to mistrust, lack
  confidence in
desconocido,-a unknown
descontento discontent, unhappiness
describir to describe
descripción description
descrito *past part of* **describir**
descubierto,-a discovered
descubridor,-a discoverer
descubrimiento discovery
descubrir to discover, find
descuidar to neglect, forget
descuido neglect, lack of care
desde since, from, after
deseable desirable
desear to want, desire
desempleado,-a unemployed
desempleo unemployment
desenfrenado,-a unchecked, wild
deseo desire, want, wish
desgracia misfortune; **por**
  desgracia unfortunately
desgraciadamente unfortunately
desierto desert

designado,-a designated, named
desigualdad inequality
desilusionarse to become disillusioned
desligar to loosen, untie
desocupar to vacate; to empty
desorganizar to break up, disperse
despertar (ie) to awaken; *refl* to wake up
despojos leavings, debris
desposeído,-a dispossessed
despótico,-a despotic
despreciar to scorn, look down on
después (de) after, afterward
destacado,-a outstanding, prominent
destacarse to stand out, be prominent
destinado,-a destined (for)
destino destiny, future, fortune
destrucción destruction
destruir to destroy
desventaja disadvantage
detalle *m* detail
detener to detain, stop
determinar to determine
deuda debt
devolución return
devolver (ue) to return
día *m* day; **hoy día** nowadays; **de día a día** day by day
diablo devil
diario,-a daily
dibujar to draw, sketch
dibujo sketch, drawing
dictador,-a dictator
dictadura dictatorship
dictar to teach, lecture
dicho saying; *past part of* **decir; lo dicho** what was said
difícil *m or f* difficult, unlikely
dificultad difficulty
dificultar to make difficult
difunto,-a dead person, deceased one
dignidad dignity
digno,-a worthy
dijo *pret of* **decir**
dilema *m* dilemma, difficult choice
dinero money
dios,-a god, goddess

diplomacia diplomacy
diplomático,-a diplomatic; diplomat
dirección direction; address
directo,-a direct
dirigente *m or f* director, leader
dirigir to direct, lead, manage
discriminación discrimination
disminución decrease
disminuir to diminish, decrease
disponibilidad availability
disponible *m or f* available
disposición disposition, inclination
dispuesto,-a disposed, ready
disputar to dispute, fight for
distar to be distant
distinción difference; distinction
distinguir to distinguish, differentiate
distinto,-a distinct; different
distribuir to distribute
diversidad diversity, variety
diversión entertainment, amusement
diverso,-a diverse, various
divertir (ie) to amuse; *refl* to have fun
dividir to divide
divulgar to divulge; to popularize
doble *m* double; *adj* twice as much
docena dozen
dócil *m or f* tame, docile
doctrina doctrine
documento document, paper
dólar *m* dollar (esp. U.S.)
doméstico,-a domestic; **animal doméstico** pet
dominación domination
dominador,-a dominating
dominancia dominance
dominante *m or f* dominant, domineering
dominar to dominate
dominio dominion; control, rule
donde where, in which; **¿dónde?** where?
dormido,-a asleep, sleeping
dormirse to fall asleep
duda doubt
dueño,-a owner, possessor
dulce *adj m or f* sweet
dulcedumbre *f* sweetness

duplicar to duplicate, double
durante during
durar to last, go on, endure

___ E ___

eclesiástico,-a of or relating to church
economía economy
económico,-a economic, economical
edad age
edificio building, edifice
educar to educate, raise
educativo,-a educational
efectivo,-a effective
efecto effect, result
efectuar to effect, cause to happen
eficacia efficiency
eficaz *m or f* efficient
egipcio,-a Egyptian
eje *m* axis; axle
ejemplificar to exemplify, serve as an example
ejemplo example; **por ejemplo** for example
ejercer to exercise, practice
ejército army
elaboración working out, elaboration
elaborar to decorate; to work out
elección election; choice
electoral electoral, election *adj.*
elegante *m or f* elegant, luxurious
elegir to elect, choose
elemento element; aspect
elevar to elevate, raise, increase
eliminar to eliminate
embargo: sin embargo nevertheless, however
emperador emperor
empleado,-a employee
emplear to hire, employ
empleo job
emprender to undertake, engage in
empresa enterprise, business
empresario,-a business person
enajenación alienation
enamorado,-a person in love, lover
encabezar to head, lead
encarcelado,-a jailed, imprisoned

encender (ie) to light (candle, fire, etc.)
encerrar (ie) to enclose, close up, confine
encima (de) above, on top of; **por encima** over
encomendero,-a holder of an **encomienda**
encomienda Spanish colonial land grant
encontrar (ue) to find, discover; *refl* to find oneself in a state or condition
encuentro encounter, meeting
endémico,-a endemic
enemigo,-a enemy, opponent
enemistad enmity, hostility, hatred
energía energy
énfasis *m* emphasis, stress
enfermarse to become sick
enfermedad sickness, illness
enfermo,-a ill
enfocar to focus, concentrate
enfrentar to confront, face
engrandecer to glorify, make larger or greater
enorgullecer to make proud; *refl* to be proud
enorme *m or f* enormous
enriquecer to enrich; *refl* to become rich
ensayista *m or f* essayist, writer
ensayo essay; rehearsal
enseñanza teaching
enseñar to teach; to show, point out
entender (ie) to understand
entendimiento understanding
entero,-a entire, whole, complete
enterrar (ie) to bury
entierro burial, funeral
entonces then; **hasta entonces** up to that time
entrada entrance; admission; access
entrar to enter
entre between, among; within
entregar to deliver, hand over
entrenado,-a trained
entrenamiento training
entusiasmo enthusiasm
épico,-a epic, heroic

época epoch, period, age, era
equilibrio balance
equivalente *m or f* equivalent, the same (as)
equivaler to be equivalent
erótico,-a erotic, sexual
escalar to climb, scale
escapar(se) to escape; to avoid
escarlata scarlet
escasez *f* scarcity, shortage
escena scene; view
esclavo,-a slave
escoger to choose, select
escolar of or relating to school, scholastic
escombro ruins, rubble
esconder to hide
escribir to write
escrito,-a *past part of* **escribir** written
escritor,-a writer
escritura writing
escuela school
escultura sculpture
ese, esa, esos, esas that, those; **eso** that
esfera sphere; area
esforzarse (ue) to make an effort
esfuerzo effort; try
espacio space
espantar to scare, frighten
espanto scare, fright
espantoso,-a scary, frightening
español,-a Spanish
especial *m or f* special
especialización specialization, major
especializarse (en) to specialize, major (in)
especie *f* species, kind, sort
espectacular *m or f* spectacular, notable
espectáculo spectacle, show
esperanza hope
esperar to hope; to wait; to expect
espíritu *m* spirit
espiritual *m or f* spiritual, of the spirit
espiritualidad spirituality, fervor
esquela note, notice
esqueleto skeleton

esquina corner
estabilidad stability
establecer to establish
establecimiento establishment
estaca stake, piling
estadística statistics
estado state, condition; political subdivision; *past part of* **estar; los Estados Unidos** the United States
estadounidense of or relating to the United States
estallar to explode
estanciero,-a owner of an **estancia** (large ranch)
estaño tin
este *m* east
este, esta, estos, estas this, these; **esto** this
estela stela, inscribed stone slab
estética esthetics; **estético,-a** esthetic
estilo style, way; **al estilo** in the manner of
estimular to stimulate
estímulo stimulus
estratégicamente strategically
estrecho,-a narrow; *n m* strait
estrella star
estrictamente strictly
estructura structure
estudiante *m or f* student
estudiantil of or relating to students
estudiar to study
estudio study, investigation; studio
etapa stage; station
eterno,-a eternal, unending
étnico,-a ethnic
evadir to evade, avoid
evitar to avoid; to shun
exacto,-a exact, precise
exagerar to exaggerate
examen *m* examination, test
examinar to examine, test
excavar to excavate
excepción exception
excesivo,-a excessive
excitar to rouse, stir up
exclamatorio,-a exclamatory
exclusivo,-a exclusive

exigencia demand, exigency
exigir to demand, require, need
exilado,-a exiled
existencia existence
existente *m or f* existing
existir to exist, be
éxito success; **tener éxito** to be successful
éxodo exodus, emigration
exótico,-a exotic, foreign, strange
expansión expansion
expedición expedition
expensas expenses; **a expensas de** at the expense of
experiencia experience; experiment
experimentar to experience; to try, experiment
explicación explanation
explicar to explain
explícitamente explicitly
explosivo,-a *adj* explosive; *n m* explosive
explotación exploitation
explotar to exploit; to work, develop
exportación export, exportation
exportador,-a exporting
exportar to export
expresar to express
expresión expression
expropiación expropriation
expropiar to expropriate, confiscate
expulsar to expel, throw out
extenderse (ie) to extend, stretch out
extenso,-a extensive, extended
exterior *n m, adj m or f* exterior, outside; **relaciones exteriores** foreign relations, affairs
extranjero,-a foreigner, stranger, alien; **el extranjero** abroad
extremado,-a extreme
extremaunción extreme unction, last rites
extremo,-a extreme

F

fábrica factory
fabricado,-a manufactured
fabricar to manufacture, make

fabuloso,-a fabled, legendary
fácil *m or f* easy, likely
facilitar to facilitate, make easy
factible *m or f* possible, feasible
factor *m* factor, element
facultad faculty, school or college of a university
fachada façade, front of a building
faja strip
falta lack
faltar to be lacking, be needed
fama fame, reputation
familiar *n, adj m or f* familiar, family member
famoso,-a famous, well-known
fantasma *m* ghost
farmacia pharmacy, drug store
fascinar to fascinate, enchant
fatalismo fatalism, determinism
favor *m* favor; **por favor** please
favorable *m or f* favorable, in favor of
favorecer to favor, promote
favorito,-a favorite, preferred
femenino,-a feminine
femineidad femininity
feminista *m or f* feminist
fenómeno phenomenon
feria fair, carnival
ferretería hardware store
ferrocarril *m* railroad
fértil *m or f* fertile
fertilidad fertility, fecundity
festejar to celebrate
festivo,-a festive, gala
feudalismo feudalism, medieval economic system
fiel *m or f* faithful, loyal
fiera beast
fiesta party, celebration, holiday, festival, feast
figura figure; image
figurar to figure in, show up
figurativo,-a figurative, symbolical
filología philology, historical study of language
filólogo,-a philologist
filosofía philosophy
filosófico,-a philosophical
filósofo,-a philosopher

fin *m* end; **a fin de** in order to, with the motive of; **al fin** finally, in the end; **a fines de** at the end of

financiar to finance, fund

financiero,-a *adj* financial; financier, supporter

firmar to sign

físico,-a physical

flojo,-a loose, lazy

flor *f* flower

florecer to flourish; to flower

florecimiento flowering, flourishing

florido,-a flowery; choice, select

flotar to float

fluir to flow

fluvial of a river, river *adj.*

fogón fire

fomentar to foment; to develop, further

fondo *n* bottom, base; *pl* funds

fonético,-a phonetic

forma form, shape

formación formation, shaping

formalizado,-a formalized

formar to form, shape, make up

formativo,-a formative

formular to formulate

fortuna fortune, luck

forzado,-a forced

fracasar to fail

fracaso failure

francés,-a French

Francia France

frase *f* phrase, sentence

fraternidad fraternity, brotherhood

fraudulento,-a fraudulent, phony

frecuencia frecuency; **con frecuencia** frequently

frecuentar to frequent

frecuente *m or f* frequent

frente *m* front; **frente a** in the face of; **al frente de** in charge of

fresco,-a cool, fresh

frontera border, frontier

fronterizo,-a of or relating to frontier

frustración frustration

frustrar to frustrate

fruta fruit

frutería fruit store or stand

fuente *f* fountain, source; spring (of water)

fuera (de) outside of, besides

fuere: sea cual fuere whichever it may be

fuerte *m or f* strong

fuerza force, strength; **por la fuerza** by force

función function; performance

funcionamiento functioning

funcionar to function, work, perform

funcionario,-a functionary, official

fundación foundation, founding

fundador,-a founder

fundar to found, establish

fundirse to fuse, blend

funerario,-a funereal, of or relating to funerals

fútbol *m* soccer, football

futuro future; *adj* future, coming

___ G ___

galería gallery

gana desire; **con ganas** willingly

ganadero,-a of or relating to cattle raising; *n* cattleman

ganado cattle

ganancia profit

ganar to earn, win, gain

garantía guarantee

garantizar to guarantee, assure

gasolina gasoline

gastar to spend

gasto expense, expenditure

gaucho Argentine cowboy

generación generation, time period

general *m or f* general; **por lo general** generally

genérico,-a generic, general

género type, kind

generoso,-a generous

gente *f* people

geografía geography

geográfico,-a geographical

germánico,-a germanic

gitano,-a gypsy

gloria glory, fame

glorioso,-a glorious

gobernador,-a governor, one who governs

gobernar to govern
gobierno government
golpe *m* blow, coup
gorra cap, hat
gótico,-a gothic
gozar to enjoy
gracia grace; **gracias** thanks
grado grade, title, degree
graduado,-a graduate
gramática grammar
gran, grande great, large, vast
grandeza greatness, vastness
gratis *m or f* free
gratuito,-a free
grave *m or f* serious
gregario,-a gregarious, out-going
griego,-a Greek
gris *m or f* gray
grito shout, yell
grueso,-a thick
grupo group
guardar to guard, keep
guerra war
guerrero,-a warrior, fighter
guerrilla skirmish; party of
  guerrilleros
guerrillero,-a guerrilla fighter
gustar to please, be pleasing to
gusto taste; pleasure; **a gusto** at
  ease

—— **H** ——

haber *auxil verb* to have; **hay** there
  is, there are
hábil *m or f* able, capable, skillful
habitante *m or f* inhabitant
habitar to inhabit, dwell
hábito habit
habla *f* speech, language; **de habla
  española** Spanish-speaking
hablar to speak, talk
hacer to do, make; **hace cinco
  años** five years ago; **hace un
  mes que** for a month
hacia toward; around
hacienda ranch
hallar to find
hambre *f* hunger
hasta until, up until; even

hay there is, there are
hecho deed, fact; *past part
  of* **hacer; de hecho** in fact
hectárea hectare (10,000 sq. meters)
hemisferio hemisphere
heredar to inherit
heredero,-a heir, heiress, inheritor
herencia inheritance, legacy
hermano,-a brother, sister
hermoso,-a beautiful
hermosura beauty
hervir to boil
heterodoxo,-a heterodox, varied,
  unorthodox
heterogéneo,-a heterogeneous
hidráulico,-a hydraulic, moved or
  operated by water pressure
higiene *f* hygiene, sanitation
hijo,-a son; daughter;
  child *pl* children
hincapié *m* stamping; **hacer
  hincapié en** to emphasize
hipócrita *m or f* hypocrite
historia history; story
historiador,-a historian
histórico,-a historical
hogar *m* home, hearth
holandés,-a Dutch, Dutch person
hombre *m* man; mankind
homogéneo,-a homogeneous
hondo,-a deep
honrar to honor
hora hour; time; **¿qué hora es?
  ¿qué horas son?** what time is it?
hostil *m or f* hostile
hoy today
huelga labor strike
hueso bone
humanidad humanity, mankind
humanitario,-a humanitarian,
  humane
humano,-a human
humilde *m or f* humble, simple
hundirse to be submerged

—— **I** ——

ibérico,-a Iberian
ida going, outward trip; **de ida y
  vuelta** round trip

identidad identity
identificación identification
identificar identify
ideográfico,-a ideographic
ideología ideology
ideológico,-a ideological
idioma *m* language
iglesia church
igual *m or f* equal
igualado,-a equalled
igualdad equality
igualitario,-a egalitarian
ilustrado,-a illustrated
ilustre *m or f* illustrious, famous
imagen *f* image; appearance
imaginar to imagine
imán *m* magnet; attraction
imitar to imitate
impedir (i) to impede, stop
imperio empire
implicación implication, meaning
implicar to imply, implicate
implícito,-a implicit
imponer to impose
importación importation
importador,-a importer
importancia importance
importante *m or f* important
importar to import; to matter; **no importa** it doesn't matter
impresionante *m or f* impressive
impresionar to impress, make an impression
impuestos *pl* taxes
impulso impulse, urge
inapropiado,-a inappropriate
inaudito,-a unheard of, strange
inaugurar to inaugurate, dedicate
incaico,-a Incan, of or relating to Incas
incapacidad inability, lack of skill
inclinación inclination, tendency
incluir to include
incluso,-a including
incomodar to make uncomfortable, bother, upset
incómodo,-a uncomfortable, uneasy
incorporar to incorporate
increíble *m or f* incredible, unbelievable

indebido improper
independentista *m or f* person who is in favor of or fights for independence; of or relating to independence
Indias Indies, original name given to the New World
indicar to indicate, point out
índice *m* index
indicio indication, sign, mark
indígena *m or f* indigenous, native; (Amer.) Indian
indio,-a Indian
indiscutible unquestionable
individuo *n* individual
indudablemente undoubtedly
industria industry
industrializado,-a industrialized
ineficaz *m or f* inefficient
inegable *m or f* undeniable
inestabilidad instability
inevitable *m or f* inevitable, unavoidable
infancia infancy, childhood
inferior *m or f* inferior; lower
infierno inferno; hell
inflación inflation
influencia influence
influenciar to influence
influir to influence
informar to inform; to shape
infrecuente *m or f* infrequent, seldom
ingeniería engineering
ingeniero,-a engineer
Inglaterra *f* England
inglés,-a English
ingresar to enter
ingreso entrance; admission, income
iniciar to begin, initiate
injusto,-a unfair, unjust
inmediato,-a immediate; **de inmediato** immediately
inmenso,-a immense, large
inmigración immigration
inmigrante *m or f* immigrant
innecesario,-a unnecessary
innovación innovation
inquisición inquisition, hearing
inseguridad insecurity, uncertainty

insistir to insist
inspirar to inspire
institución institution
instituto institute
instrucción instruction; schooling
insultar to insult
insulto insult
integración integration
intelecto intellect
intelectualidad intellectuality
inteligencia intelligence
inteligente *m or f* intelligent
intencionado,-a intentioned
intensificar to intensify
intensivo,-a intensive, intense
intenso,-a intense, concentrated
intercambio exchange, interchange
interés *m* interest; stake
interesante *m or f* interesting
interesar to interest, be interesting
interino,-a interim, temporary
interno,-a internal, inner
interpretar to interpret
interrupción interruption
intervención intervention
intervenir to intervene, to interfere
íntimo,-a intimate
intrigar to intrigue, arouse interest
introducir to introduce, insert
inundación flood
inútil *m or f* useless
invadir to invade
invasión invasion, attack
invencible *m or f* invincible, unbeatable
inventar to invent; to create
invento invention
inversión investment
invertir to invest
investigación investigation
investigar to investigate
invitar to invite
irónico,-a ironical, sarcastic
irrigación irrigation
isla island
islámico,-a Islamic, Moorish
istmo isthmus
izquierdista *m or f* leftist
izquierdo,-a left; *n f* the left (political or direction)

J

jactarse to brag, boast
jamás never
jardín *m* garden; yard
jarope *m* syrup
jefe *m* chief, boss, leader
jeroglíficos hieroglyphics
jesuíta *m* Jesuit
jornada working day
joven *m or f* young; youthful person
juego game
jugar (ue) to play (a game or sport)
juguete *m* toy
juntar to join; *refl* to join with, ally with
junto,-a together; **junto con** along with, together with
jurisdicción jurisdiction; territory
jurisprudencia jurisprudence, law
justicia justice
justificar to justify, explain
justo,-a just, fair
juvenil *m or f* juvenile, of or relating to youth
juventud *f* youth; young people
juzgado court of justice;
juzgado,-a person judged
juzgar to judge, adjudicate

L

labio lip
laboratorio laboratory
labrar to carve (wood); to work (iron)
lado side; **por todos lados** on all sides, everywhere
lago lake
laguna lagoon, small lake
lamentar to lament, regret
lana wool
largo,-a long
lástima pity
laúd *m* lute
lavar to wash
lazo tie, bond; lariat
lealtad loyalty
lectura reading
lechería milk store, dairy
leer to read

legalidad legality
legalmente legally
legislativo,-a legislative
legumbre *f* vegetable
lejano,-a distant, far
lejos *adv* far away, far
lema *m* motto, slogan
lengua language; tongue
lento,-a slow
letra letter (of the alphabet);
 pl letters; literature
letrero sign, poster
levantar to raise; *refl* to get up, rise
 up
leve *m or f* gentle, light
ley *f* law; *pl* law studies
leyenda legend
liberar to free, liberate
libertad freedom, liberty
libre *m or f* free
libro book
licenciado,-a attorney; used also as
 equivalent of Master's Degree in
 other fields
liceo lyceum, high school
líder *m* leader
ligado,-a tied, attached
ligero,-a light (weight, food, clothing,
 etc.)
limitarse to be limited
límite *m* limit, boundary
limpiar to clean
linaje *m* lineage, ancestry
linchamiento lynching
línea line
lingüístico,-a linguistic; *n*
 f linguistics
lino linen
lirismo lyricism
lista list, roll
listo,-a ready
literal *m or f* literal, to the letter
literario,-a literary
literatura literature
liviano,-a of light weight
lobo wolf
lodo mud
lograr to achieve, get, manage to
logro achievement, accomplishment
Londres *m* London

loza pottery, clay
lucha struggle, fight, conflict
luchar to struggle, fight
luego then; later, afterward; presently
lugar *m* place; **en lugar de** instead
 of; **tener lugar** to take place;
 lugar común *m* commonplace,
 cliché
lujo luxury
luna moon
lustro lustrum, period of five years
luto mourning; **guardar** *or* **llevar**
 luto to be in mourning
luz *f* light

LL

llama llama
llamar to call; *refl* to be called,
 named
llegada arrival
llegar to arrive; **llegar a ser** to
 come to be
llenar to fill
lleno,-a filled, full
llevar to carry; to wear; to take, lead
 to
llorón,-a whiner; *f* legendary ghost,
 used to scare children as is "the
 bogeyman"
lluvia rain

M

machismo virility, manliness
madera wood
madre *f* mother; **madre**
 patria motherland, mother
 country
madrileño,-a person or thing from
 Madrid
maduro,-a mature
maestro,-a teacher, instructor
magnífico,-a magnificent
maíz *m* corn, maize
mal *m or f adv* badly, poorly; *n*
 m evil
malcriado,-a ill-mannered
malo,-a bad, evil; sick

mandar to order, send
mandato command, mandate
mando rule, command
manera way, manner; **de manera
que** so that, so as to
manifestación manifestation,
demonstration
manifestar to show, manifest
manifiesto,-a manifest, evident
mano ƒ hand; *fig* control; **en
manos de** in the hands of,
controlled by; **a manos de** at the
hand of; **mano de obra** worker
mantener to maintain, support, keep
manual *m* manual, handbook; *adj
m or f* manual, by hand
maquinaria machinery
mar *m* sea, ocean; *fig n f* sea
maravillarse to marvel at
maravilloso,-s marvelous, awesome
marca brandname
marcar to mark, stamp; to note
margen *m* margin, edge
marido husband
marina *n* navy
marinero,-a sailor
masa mass
masculinidad masculinity
masculino,-a masculine, male
matanza killing, slaughter
matemática *usually pl* mathematics
materia subject, matter, topic;
materia prima raw material
materno,-a maternal
matrícula registration (in school)
matricularse to register in school
matrimonio matrimony, marriage
mausoleo mausoleum, burial
structure
mayor larger, greater; **el (la, los,
las) mayor(es)** the largest,
greatest; older, oldest
mayorazgo primogeniture, practice of
leaving family goods to the oldest
son
mayoría majority
mecánica mechanics
mecanismo mechanism, device
mecanizado,-a mechanized
mediados: a mediados de about
the middle of, midway

mediano,-a medium
mediante by means of, through
médico,-a doctor of medicine
medida measure; means
medio,-a *n m* half, mid-, middle;
means, way; **por medio de** by
means of; **en medio de** in the
midst of
mediodía *m* noon, midday
mejor better; **el (la, los, las)
mejor(es)** the best
mejora improvement, betterment
mejorar to improve, better
melancólico,-a melancholic, sad
mencionar to mention, name
menor smaller, younger, less; **el (la,
los, las) menor(es)** the smallest,
youngest
menos *adv* less, minus; **menos que
or de** less than; **al menos** at
least; **por lo menos** at the least;
más o menos more or less
mentira lie
mercado market
mercancía merchandise
merced ƒ grant, favor, gift
mes *m* month
mesa table; mesa, land plateau
metal *m* metal
meterse to go into, get into
método method
mezcla mixture, mix
mezclado,-a mixed
mezclarse to mix into, take part
miedo fear
miembro member
mientras (que) while, as long as
migración migration
mil *m* a thousand
militar *m or f* military
milla mile
millón *m* million
mina mine
mineral *adj, n m* mineral
minero,-a mining; miner
miniatura *n* miniature
mínimo,-a minimum
ministro minister (of government)
minoría minority
mirar to look at
misa mass

misión mission

misionero,-a missionary

mismo,-a same, equal; **él mismo** he himself; **lo mismo** the same thing

misterio mystery

misterioso,-a mysterious

místico,-a mystic, mystical

mitad *f* half, middle

mito myth

moda fashion, mode; **de moda** in style, fashionable

modelo model, pattern; *m or f* fashion model

modernidad modernity

moderno,-a modern

modificación modification, change

modificar to modify, change, adjust

modo way, manner; **de modo que** so that, in order that

mojado,-a wet; wetback

molesto,-a annoying, bothersome

momento moment

monarca *m or f* monarch, king, queen

monarquía monarchy

monasterio monastery

monetario,-a monetary

monopolio monopoly

monopolístico, a monopolistic

montado,-a mounted; **montado a caballo** on horseback

montaña mountain

monumento monument

moralidad morality

mórbido,-a morbid

morir (ue) to die

moro,-a Moor; Moorish

mortal mortal, fatal

mortalidad mortality, death rate

mosca fly; **mosca muerta** one who pretends meekness; hypocrite

mostrar (ue) to show; to prove

motivo motive, reason; impulse; motif

mover (ue) to move (something); *refl* to move

móvil *m or f* mobile, movable

movilidad mobility

movimiento movement

muchacho,-a boy, girl

mucho,-a much, a lot; *pl* many

mudarse to move, change lodging

muerte *f* death, demise

muerto,-a dead; dead person

muestra sign, sample

mujer *f* woman, female

multinacional multinational

mundial of the world, world-wide

mundo world; **el Nuevo Mundo** the New World, the western hemisphere

muralista *m or f* muralist

museo museum

música music

musulmán,-a Musselman, Moslem

mutuo,-a mutual

N

nacer to be born

nacido,-a born

nacimiento birth

nación nation

nacional *m or f* national

nacionalidad nationality

nacionalismo nationalism

nacionalista *m or f* nationalist

nada nothing, anything, nothingness

nadie no one, nobody

natalidad birth, birth rate

nativo,-a native

naturaleza nature

navaja razor; knife

Navidad Christmas

necesario,-a necessary

necesidad necessity

necesitar to need

necio,-a foolish

negar(ie) to deny

negativo,-a negative

negocio business deal; *pl* business

nepotismo nepotism

neutralidad neutrality

nevado,-a snow-covered

nicho niche, recess

ningún, ninguno,-a no, none, not

niño,-a child, little boy, girl

nivel *m* level

noble *m* nobleman

noche *f* night

nocturno,-a nocturnal, night
nómada *m or f* nomadic
nombramiento nomination, naming (to a position)
nombrar to name; to nominate
nombre *m* name; noun; reputation
nopal *m* prickly-pear cactus
normal: escuela normal school for training teachers
noroeste *m* northwest
norte *m* north
norteamericano,-a North American (used for a person or thing from the United States)
notable *m or f* notable, noteworthy
notar to note, take note of
noticia notice; *pl* news
novela novel
novelista *m or f* novelist
noveno,-a ninth
núcleo nucleus
nuestro,-a our
nuevo,-a new
número number
numeroso,-a numerous
nunca never, not ever

—— O ——

obedecer to obey
obispo bishop
objeto object
obligación obligation, duty
obligado,-a obliged
obligar to oblige; obligate
obligatorio,-a obligatory, required
obra work; labor
obrar to work, toil
obrero,-a worker
observador,-a observer
observar to observe, watch
observatorio observatory
obsesión obsession
obsesionar to obsess; *refl* to become obsessed
obstaculizado,-a impeded
obstáculo obstacle, barrier
obstante: no obstante nevertheless, notwithstanding
obtener to obtain, get

obvio,-a obvious
ocasión occasion
occidental occidental, western
occidente *m* the West
océano ocean
octavo,-a eighth
ocupar to occupy, hold
occurrir to occur, happen
ochenta eighty
oeste *m* west
ofender to offend
ofensa offense, crime
ofensivo,-a offensive
oferta offer
oficina office, workshop
oficio trade, task, business
ofrecer to offer
ofrenda offering, gift
ofrendar to offer up
oído,-a heard
olvidarse (de) to forget
operar to operate; to fund
opinión opinion
oponerse to oppose, be opposed to
oportunidad opportunity
oposición opposition
opresión oppression
opuesto,-a opposed; opposite
oración sentence
orden *m* order
ordinario,-a ordinary
organización organization
organizador,-a organizer
organizar to organize
órgano organ; medium
orgullo pride
orientación orientation, direction
oriental *m or f* oriental, eastern
oriente *m* the East
origen *m* origin
originalidad originality
originarse to originate
ornamentación ornamentation, decoration
oro gold
ortodoxo,-a orthodox
oscurecer to get dark, darken, obscure
oscuro,-a dark, obscure
ostentar to show

otorgar to grant, give, donate
otro,-a another, other, the other

⎯ P ⎯

paciencia patience
pacífico,-a peaceful, gentle
padre *m* father; priest; *pl* parents
padrino,-a godfather, godmother;
  pl godparents
pagar to pay
pago payment
país country, nation
palabra word, term
palacio palace
pampa *Arg* plain
pan *m* bread, loaf of bread
panadería bread store, bakery
panteón *m* pantheon
Papa *m* Pope
papel *m* paper; role
papelería stationery shop
para for, in order to, towards, by;
  para que so that
parada stop (train, bus, etc)
paraíso paradise
parar to stop; to stay
parcela parcel, piece
parcial *m or f* partial, part
parecer to seem, look as if
parecido,-a similar, alike
pared *f* wall
pariente *m or f* relative, relation
parlamentario,-a parliamentary
parque *m* park
parquear to park (a car)
párrafo paragraph
parroquial parochial
parte *f* part, portion; place; **de parte
  de** on behalf of; **por parte de**
  on the part of; **todas
  partes** everywhere
participación participation
participar to participate
particular *m or f* private, personal,
  particular
partida certificate (of birth, etc.)
partidario,-a partisan, supporter
partido political party; game, match;
  group

parto childbirth
párvulo,-a small child, pre-school
  child
pasado,-a past; *n* past
pasante *m or f* passing
pasar to pass, go, pass through, go
  over to, come to; to spend (time)
pasear to stroll, take a walk, drive
paseo stroll, walk; drive, ride
pasivo,-a passive, inactive
paso step; mountain pass
paterno,-a paternal, fatherly
patio patio, yard, courtyard
patológico,-a pathological
patria native country, fatherland;
  madre patria motherland
patriarcal *m or f* patriarchal
patrimonio patrimony, inheritance
patriota *m* patriot
patrón,-a patron(ess), boss
paz *f* peace
peatón *m* pedestrian, walker
pecado sin
pedazo piece, shred
pedir (i) to ask for, request, solicit
pegarse to shoot oneself
pelea fight, quarrel
peligro danger
peligroso,-a dangerous
pena pain, sorrow; **en pena** in
  purgatory; **bajo pena** under threat
peninsular *adj m or f* thing or
  person of the peninsula
penoso,-a sorrowful
pensamiento thought
pensar (ie) to think; to intend
peor worse; **el (la, los, las)
  peor(es)** the worst
pequeño,-a small
perder (ie) to lose
pérdida loss
perfecto,-a perfect
periódico newspaper
período period (of time), age, era
perjudicar to prejudice, damage,
  impair
permanencia permanence, stay
permanente *m or f* permanent
permiso permission; permit
permitir to permit, allow

perpetuo,-a perpetual, eternal
perro,-a dog
perseguir to persecute; to pursue
persistir to persist
persona person
personaje *m* personage, literary character
personalidad personality
perspectiva perspective; prospect
pertenecer to belong, pertain
pesado,-a annoying, heavy
pesar to weight; **a pesar de** in spite of
pescadería fish market
pésimo,-a very bad, worst
pesimista *m or f* pessimistic; pessimist
petición petition, request; **a petición de** at the request of
petróleo oil (crude), petroleum
petrolífero,-a of or relating to oil
peyorativo,-a pejorative, derogatory
pie *m* foot; **a pie** on foot
piedra stone
pintor,-a painter
pintoresco,-a picturesque
pirámide *f* pyramid
piso floor, story; **piso bajo** ground floor
pistola pistol
placer *m* pleasure
plan *m* plan, scheme
plana page
planear to plan
planeta *m* planet
planta plant *(bot)*
plata silver
plato plate; dish; **plato típico** traditional dish
plaza plaza, square; marketplace
plazo term, period; **a largo plazo** long term
población population
poblador,-a settler, colonizer
poblar to populate, settle
pobre poor; *n m or f* poor person; *pl* the poor
pobreza poverty
poco,-a little, scanty; *pl* a few, some; *n m* a little bit; *adv* a little, somewhat, slightly

poder (ue) to be able to, can, may; *n m* power, authority
poderoso,-a powerful, strong
poema *m* poem
poesía poetry *(also pl)*
poeta *m* poet
poetisa poetess
polémica polemic, debate
policía *f* police; *n m* policeman
policíaco,-a of or by the police
político,-a political, *n f* politics; *n m* politician
polvareda cloud of dust
polvo dust
poner to put, place; *refl* to become, turn; **ponerse de acuerdo** to reach an agreement
popularidad popularity
popularizar to popularize, make popular
por by, through; for, for the sake of, because of; **por eso** for that reason; **¿por qué?** why?; **por lo tanto** therefore; **por tanto** thus
porcentaje *m* percentage
porción portion, part
porque because, for, as
portarse to behave, act
porteño,-a person or thing from Buenos Aires
pos- *prefix meaning* after
posado,-a posed, perched
poseer possess, have
posesión possession
posibilidad possibility
posición position
posterior *m or f* later, behind, after
postura posture, position
practicar to practice, perform
práctico,-a practical; *n f* practice, act, habit
precio price
precioso,-a precious, dear
preciso,-a necessary
predecir to predict
predicción prediction
predominantemente predominantly
preferencia preference
preferible *m or f* preferable
preferir to prefer
premio prize, premium

preocupación preoccupation, worry
preocuparse to worry
preparación preparation
preparar to prepare
prescrito,-a prescribed
presencia presence
presentar to present; to take (exams)
presente *m* present, present time
preservar to preserve, maintain
presidencia presidency
presidencial *m or f* presidential
presidente,-a president
presión pressure
preso,-a prisoner, captured
préstamo loan
prestar to lend
prestigio prestige
presunción presumption; conceit
presupuesto budget
pretendido,-a pretended; object of love
prevalecer to prevail, dominate
prima: materia prima raw material
primario,-a primary, elementary
primer, primero,-a first; **lo primero** the first thing
primitivo,-a primitive, early
primo,-a cousin
primogénito,-a first-born
principio principle; beginning; **al principio** at first
prisa haste; **darse prisa** to hurry
prisionero,-a prisoner
privado,-a private
privilegio privilege
probar (ue) to prove; to test
problema *m* problem
procedencia origin, source
procedente coming from
proceder to come from, originate
procedimiento procedure, process
procesión procession, pageant
proceso process
proclamación proclamation
proclamar to proclaim, pronounce
producción production
producir to produce
producto product, result
profesión profession
profesor,-a professor, teacher
profesorado professoriate, group of professors

profundo,-a deep, profound, radical
programa *m* program; plan of action
progreso progress, advancement
prohibición prohibition, forbidding
prohibir to prohibit, forbid
promedio *n* average, mean
promesa promise
prometer to promise
promover to promote
promulgar to promulgate, proclaim
pronosticar to predict
pronóstico prediction
pronto *adv* soon, promptly
pronunciar to pronounce, speak
propensión propensity, leaning
propicio,-a favorable, propitious
propiedad property
propietario,-a owner; proprietor; landowner
propio,-a one's own; appropriate
proponer to propose
proporción proportion
proporcionar to provide, make available
proposición proposal, proposition
propósito purpose, intention
protección protection
proteger to protect
protesta protest
protestante protestant
protestar to protest
prototipo prototype, model
proveer to provide, furnish
provenir to arise, originate
provincia province, political division
provisión provision; *pl* supplies
provocar to provoke
proximidad proximity, nearness
próximo,-a next; near
prueba proof; test
publicar to publish; to publicize
público,-a public; *n m* (the) public
pueblo small town; **el pueblo** the people, nation, citizenry
puente *m or f* bridge
puerto port
puertorriqueño,-a person or thing of Puerto Rico
pues then, since
puesto,-a put, placed; *n m* job, position; **puesto que** since

puma *m* puma, American panther
punto point, dot, period; **punto de vista** point of view
puñado handful, a few
pureza purity
purgatorio purgatory
puro,-a pure

——— Q ———

que that, which, who, whom, than; **¿qué?** what?, which?, **¿para qué?** what for?; **¿por qué?** why?; **el (la, los, las) que** the one(s) who; **lo que** that which
quedar(se) to remain, end up; to be located
quejarse to complain
quemar to burn
querer(ie) to want, love; to try; **querer decir** to mean
querido,-a beloved, lover
quien who, whom; **¿quién?** who?; **¿a quién?** whom?
quinina quinine
quiosco kiosk, vending stand
quizás perhaps, maybe

——— R ———

racial racial
racional rational, reasonable
radical radical, basic
raíz *f* root; basis; **a raíz de** soon after, hard upon
rancho military mess; hut; *S.W. U.S.* cattle ranch
rápido,-a rapid, fast
raro,-a rare, strange
rascacielos *m* skyscraper
rasgo trait, characteristic
raso,-a flat, clear; **soldado raso** enlisted man, foot soldier, soldier of low rank
rastro trace, trail
rato (a) little while, short time
rayo ray; lightning bolt
raza race; cultural group or people
razón *f* reason; **con razón** with reason, rightly; **sin razón** without reason, wrongly

reacción reaction
reaccionar to react
real *m or f* royal
realidad reality
realizado,-a realized, brought to fruition, fulfilled
reata rope
rebelarse to rebel, rise up
rebelde *m or f* rebel
rebelión rebellion
recelo suspicion, misgiving
recibir to receive, get
recién, reciente *adv* recent
reclamación claim, demand
reclamar to claim, demand, complain
recomendar (ie) to recommend
recompensar to compensate, repay
recóndito,-a obscure, concealed
reconocer to recognize
reconocimiento recognition
reconquista reconquest
reconquistar to reconquer, retake
reconstruir to reconstruct, rebuild
recordar (ue) to remember, remind
recreacional recreational
recreativo,-a recreational
recto,-a straight; **ángulo recto** right angle
recuerdo memory, reminder, remembrance
recurrir to recur, happen again
recurso resource
rechazar to reject, turn down
rechazo rejection, rebuff
redistribución redistribution
reducir to reduce
reemplazar to replace, substitute
referirse (ie) to refer to, have relation to
refinado,-a subtle, polished, refined
refinar to refine, purify
reflejar to reflect
reflejo reflection
reforma reform; Reformation; **reforma agraria** redistribution of land (in Spanish America)
reformar to reform, remodel
reformista *m or f* reformer, person or thing favoring reform
reforzar (ue) to reinforce, strengthen

refrescarse to cool off
refugiarse to take refuge
regado,-a sprayed, irrigated
regar to irrigate, spray
régimen *m* regime, political system
región region, area
regir (i) to rule, govern
regla rule, principle
regresar to return
regreso return
rehusar to refuse, decline
reina queen
reinar to reign, rule, govern
reino kingdom
relación relation, relationship
relacionar to relate; *refl* to be
   related, connected
relatividad relativity
relativo,-a *adj* relative
relegado,-a relegated; banished
religiosidad religiosity, religiousness
religioso,-a religious
remoto,-a remote
renacimiento rebirth
rendirse (i) to surrender, give in to
renovador,-a *n* renovator;
   adj renovating
renta income, profit
renunciar to renounce
repatriar to repatriate, return to
   one's country of origin
repente sudden movement; **de**
   repente suddenly
repetir (i) *n* to repeat, do again
representante *m or f* representative
representar to represent
represión repression
reproducir to reproduce, recreate
república republic
requerir (ie) to require, need
requisito requirement
rescate *m* ransom, ransom money
resentido,-a resentful, offended
reserva reserve
reservado,-a reserved, held back
residente *adj m or f* residing
residir to reside
resina resin
resistencia resistence
resistir to resist

resolver (ue) to resolve; to solve
respectivamente respectively
respeto respect
responder to respond, answer
responsabilidad responsibility
responsable responsible
respuesta reply, answer, response
restaurante *m* restaurant
restaurar to restore
resto rest, remainder; *pl* remains
restringir to restrain, restrict
resultado result
resultante *m or f* resulting
resultar to result, turn out
resumir to summarize
retener to retain, hold
retornar to return, come back
reunión meeting, reunion, gathering
reunirse to meet, gather
revelar to reveal, show
revista magazine, review
revolución revolution; revolt
revolucionario,-a revolutionary
rey *m* king, monarch
rico,-a rich; delicious
riego irrigation
riesgo risk
río river
riqueza riches, richness
ritmo rhythm
rito rite
ritual ritual, ceremony
robar to rob, steal
robo robbery
rodear to surround; to round up
rodeo rodeo, round-up
romanizar to romanize, make like
   Rome
romano,-a Roman, esp. of ancient
   Rome
romántico,-a romantic; idealistic
ropa clothing, clothes
rosa rose
rueda wheel
ruido noise
ruidosamente noisily
ruina ruin
rumano,-a Rumanian
ruso,-a Russian
ruta route, way

S

saber to know, know how (to); to find out

sabiduría knowledge, wisdom

sabio,-a wise; wise person

sabor *m* taste, flavor

sacar to take out, remove

sacerdote *m* priest

sacrificar to sacrifice

sacrificio sacrifice

sagrado,-a sacred, holy

saguaro a type of cactus

sajón,-a Saxon

sala room, salon, hall

salario salary

salir to leave, go out, come out

salud *f* health

saludable *m or f* healthy

salvación salvation

salvar to save

san, santo,-a Saint

sangre *f* blood

santero,-a maker of images of saints

satisfacer to satisfy

satisfactorio,-a satisfactory

sección section

secretario,-a secretary

secretariado secretariat

secreto *n* secret

secuestrar to kidnap, abduct

secuestro kidnapping, abduction

secundario,-a secondary

sede *f* seat, headquarters

sedentario,-a sedentary, settled

segregación segregation

seguir (i) to follow; to continue, keep on

según according to

segundo;-a second

segundón *m* second son

seguridad security; certainty; **con seguridad** with certainty, surely

seguro,-a sure, safe

selección selection, choice

semana week

semejante *m or f* similar

semejanza similarity

semilla seed

senado senate

sencillo,-a simple

sensual *m or f* sensual, relating to the senses

sentido sense, meaning

sentimiento sentiment, feeling, sense

sentir(se) (ie) to feel, feel like

señalar to signal; to mark, stamp

señor Mr.; sir

señora Mrs.; madam

señorío lordship, domain

señorita Miss, young lady

separación separation

separado,-a separate; **por separado** separately

separar to separate

separatismo separatism, secessionism

separatista *m or f* separatist, secessionist

sepulcro sepulchre, tomb

sepultura grave, burial place

ser to be; **a no ser** except; *n m* being, human being

serie *f* series

serio,-a serious; **tomar en serio** to take seriously

serpiente *f* serpent

servicio service

servir (i) to serve; **servir (de)** to serve as

severo,-a severe, harsh

sexo sex

sexto,-a sixth

sicología psychology

sicológico,-a psychological

sicólogo,-a psychologist

siempre always, ever

sierra mountain range

siesta nap, mid-day rest

siglo century, age

significado meaning

significar to mean, signify

siguiente *m or f* following, next

silencio silence

simbólico,-a symbolic

simbolismo symbolism

simbolizar to symbolize

símbolo symbol

simetría symmetry

simpatía support, fellowship

simpático,-a congenial, likeable

simple simple; mere; silly

sin without; **sin embargo** however, nevertheless
sinceramente sincerely
sindical *m or f* relating to a union
sindicato labor union
sino but, but rather, but also, except
sinónimo synonym
sintetizar synthesize, summarize
sistema *m* system
sitio site, place
situación situation
situar to situate, locate
soberanía sovereignty
sobre over, on, above; about; towards; **sobre todo** above all
sobrenatural *adj m or f* supernatural
sobresaliente *m or f* excellent, outstanding
sobresalir to excel
sobrevivencia survival
sobrevivir to survive
sobrino,-a nephew, niece
sociedad society
sociólogo,-a sociologist
sol *m* sun
solamente only
solar *m or f* solar, of or relating to the sun
soldado soldier
soleado,-a sun-drenched
soledad solitude, loneliness
solemne solemn, holy
soler (ue) to be in the habit of, used to, accustomed to
solidaridad solidarity
solitario,-a solitary, lonely
solo,-a alone; only, sole; **sólo** only
solución solution
someterse to submit oneself
soneto sonnet
soñar (ue) to dream
sor *relig* sister
sorprender to surprise
sorpresa surprise
sosiego tranquility, quietness
sospecha suspicion
sostener to sustain
soviético,-a Soviet
suavidades lullabies
subcultura sub-culture

súbdito,-a subject (a
subir to rise; to go up;
subsuelo subsoil
subterráneo,-a subterranea
underground
suburbano,-a suburban
subyugación subjection
subyugado,-a subjugated
sueldo salary, wages
suelo soil, ground, earth
sueño dream
suerte *f* luck, fortune
suficiente *m or f* sufficient, enough
sufrir to suffer; to undergo
sugerir (ie) to suggest
suicidarse to commit suicide
suicidio suicide
suma sum, total; **en suma** in short, summary; **de suma importancia** very important
sumar to add, total
superar to surpass
superior *m or f* superior, higher
supermercado supermarket
superstición superstition
supresión suppression
suprimir to suppress
sur *m* south
sureño southern
sureste *m* southeast
surgir to break out, come forth
suroeste *m* southwest
suspender to suspend; to discontinue
suspensión suspension, interruption
sustantivo substantive; noun
sustento sustenance
sustituir to substitute
sutil subtle

—— **T** ——

tabaco tobacco
tabaquería tobacco shop
tabú *m* taboo
taco *Mexico* type of sandwich made with a tortilla
táctica tactics, policy, way of operating
tal such, so, as; **tal vez** perhaps; **un (el) tal** a certain

s of a

to rai

, too

204

iginated in

s much; *pl* so

e late, take a long

tarde *f* afternoon; *adv* late; **más tarde** later
tardío,-a late
tarea task, homework
tasa rate
teatro theater
técnica technique
técnico,-a technical
tecnología technology
tecnológico,-a technological
techo roof; ceiling
teja tile (of clay)
tejedor,-ra weaver
tejer to weave
tejido woven cloth, textile
tela cloth
tema *m* theme
temblor *m* earthquake, tremor
temer to fear, be afraid
temor *m* fear
templo temple
temprano,-a early; **temprano** *adv* early, early on
tendencia tendency
tender to tend to, have a tendency toward
tener to have, possess, hold; **tener que** to have to
tensión tension, strain
tenso,-a tense
tentativa attempt, try
tenue *m or f* tenuous, delicate, subtle
teología theology
teoría theory
teórico,-a theoretical
teorista *m or f* theorist
teorizar theorize
tercer, tercero,-a third
tercio one-third

terminar to end, terminate, finish
término term
terminología terminology
terrenal *m or f* earthly
terreno parcel of land, terrain
terrible *m or f* terrible
territorio territory, region
terrorista *m or f* terrorist
tesoro treasure
texano,-a Texan
texto text
tiempo time; weather
tienda store, shop
tierra earth, land
tío,-a uncle, aunt
típico,-a typical, traditional
tipo type, kind, sort
tiránico,-a tyrannical
tiro shot, bullet
título title; degree
todavía still, yet
todo,-a all, everything; *pl* everyone; all of; **del todo** completely; **todo el mundo** everyone, everybody; **todo un (el)** a (the) complete, a (the) whole; **de todos modos** anyway
tolerable *m or f* tolerable, bearable
tolerancia tolerance
tolerante *m or f* tolerant, forgiving
tolerar to tolerate, allow
tomar to take; to drink
tono tone
toponímico place name, toponymic
torear to fight a bull
torero,-a bullfighter
tormento torment, anguish
toro bull
torre *f* tower
tortura torture
totalitario,-a totalitarian
trabajador,-a worker
trabajar to work
trabajo work, job
tradición tradition
traducción translation
traducir to translate
traer to bring, carry
tragedia tragedy
trágico,-a tragic

tramar to design, devise (a plot)
transformar to transform, change
tránsito traffic
transitorio,-a transitory, temporary
transmitir to transmit, relay
transporte *m* transport, transportation
trasladar to transfer
traslado transfer, removal
tratado treaty, treatise, tract
tratamiento treatment
tratar to treat; to try
través: a través across, through
trazar to trace, draw
tremendo,-a tremendous, huge
tren *m* train
tribu *f* tribe
tribunal jury; panel
triste *m or f* sad
tristeza sadness
triunfante *m or f* triumphant
triunfar to triumph, win
triunfo triumph
trono throne
tropical *m or f* tropical
tumba tomb, grave
tumulto tumult, riot
Tupamaros Uruguayan guerrilla band
turístico,-a of or relating to tourism

U

ubicado,-a located, placed
ubicuo,-a ubiquitous
último,-a last, ultimate; **por último** finally
ultratumba from beyond the grave, the afterlife
único,-a only, unique
unidad unity; unit
unido,-a united; **Estados Unidos** United States
unión union; combination
unir to unite
unitario,-a unitarian; *Amer* one who favors a strong central government
universalidad universality
universidad university

universitario,-a of or relating to the university
universo universe
urbanización urbanization
urbanizar to urbanize, group in cities
urbano,-a urban, living in cities
urgente *m or f* urgent
usar to use
uso use; **hacer uso de** to make use of
utensilio utensil, tool
útil *m or f* useful
utilidad utility, usefulness
utilitarismo utilitarianism
utilizar to utilize, use

V

vaca cow
vacuno: ganado vacuno beef cattle
vagar to wander
validez *f* validity
válido,-a valid
valiente valiant, brave
valioso,-a valuable
valor *m* value; bravery, valor
valorar to value, place a value on, appraise
valle *m* valley
vanguardia vanguard, advance guard, leaders of a movement
vaquero,-a cowboy, cowgirl
vara rod, line (in writing)
variar to vary, mix
varios,-a various, several, some, a few
variedad variety
vasco,-a Basque
vaso glass, cup
vasto,-a vast, extensive
vecino,-a neighbor
vela candle
velorio wake, vigil
vencer to defeat, win
vendedor,-a seller, salesperson
vender to sell
veneración honor, veneration
venganza revenge
vengarse to take revenge
venir to come

venta sale
ventaja advantage
ventana window
ver to see; *refl* to find oneself, to be
verbalmente verbally
verbo verb
verdad truth
verdadero,-a true, real
verificar to verify, confirm
verso line of verse, verse
verter to pour into, vest
vestido,-a dressed, clad
vez *f* time; turn; **en vez de** instead of; **tal vez** perhaps; **a su vez** in its turn
vía way; **por vía** by means, in a manner
viajar to travel
viaje *m* trip
viajero,-a traveller
vicepresidente,-a vice president
victoria victory
victorioso,-a victorious
vida life; **en vida** while living
viejo,-a old, elderly
viento wind
viga wooden beam
vigesimal based on the number twenty
vigésimo,-a twentieth
vigilante vigilante, citizen police
vigilia vigil
violación violation
violencia violence

violento,-a violent
virreinato viceroyalty
virrey *m* viceroy
visigodo,-a Visigoth
visitante *m or f* visitor
visitar to visit
vista view; **punto de vista** point of view
vital vital; **promedio vital** life expectancy
vitalidad vitality
viudo,-a widower, widow
vivienda dwelling, housing
viviente living, alive
vivir to live, dwell
vivo,-a alive
voluntario,-a voluntary; volunteer
voluntarioso,-a willful, arbitrary
volver(ue) to return
votivo,-a votive; offered by a vow
vuelta return; **ida y vuelta** round trip
vulgar common, low, vulgar

——— Y ———

yarda *meas* yard; *dialect* lawn
yendo *pres part of* **ir**

——— Z ———

zanahoria carrot
zona zone, area of a city

Illustration Credits